中华商标图史，

以图记史，

这是一部中国奋斗史，

承载着我们祖祖辈辈的智慧与文化，

自古以来，

商标不仅是历史的瑰宝，

更是刻在骨子里的烙印。

中华商标图史

李少鹏 著

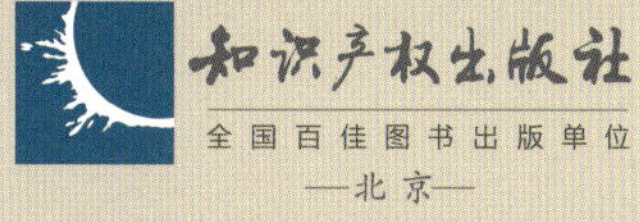

知识产权出版社
全国百佳图书出版单位
—北京—

前言

商标作为国家经济发展的战略性资源和核心要素，在促进经济发展中发挥的作用日益凸显。商标的数量及以商标为核心的品牌规模已成为衡量一个国家创新能力和综合经济实力的重要指标之一。中国企业的成长，中国品牌的发展，关乎中华民族伟大复兴中国梦的实现。2014 年 5 月 10 日，习近平总书记在河南考察时提出“推动中国制造向中国创造转变，中国速度向中国质量转变，中国产品向中国品牌转变”的“三个转变”，为推动我国产业结构转型升级，打造中国品牌指明了方向。站在新的历史起点，我们亟须秉持“工匠精神”，打造中国品牌，铸就中国力量。

我国商标法律制度起步晚于西方国家，虽然我国商标和品牌意识的形成很早，但一直没有上升到国家层面的管理机制。鸦片战争后，清政府与英签订《南京条约》，开上海、广州、福州、厦门、宁波为通商口岸，为外国人在中国租地通商之始。中国的经济门户被列强打开，外国商品汹涌而至。据相关统计，截至 1888 年，五口通商口岸进出口棉织品、毛制品、金属材料、杂货等两百多类、五百多个品种，“洋货”遍及大江南北，充斥中国市场。而我国的商品种类比较单一，质量又和“洋货”有差距，产品流向几乎呈一边倒的状态，贸易逆差致使国内大量资金外流，传统的自然经济遭受重创。在“洋货”的刺激下，中国传统的重农轻商思想也在悄然改变。清政府中的有识之士主张重商，使民族工商业得到了初步发展。1861—1895年，晚清洋务派进行了一场引进西方军事装备、机器生产和科学技术以挽救清朝统治的自救运动。洋务派以“自强”为旗号，创办了一批近代军事工业；又以“求富”为旗号，兴办了一批近代民用工业，以辅助军事工业。尽管洋务运动并没有使中国走上富强之路，但百余年后，那些保留下来的陈年故纸和商业史料，如这本《中华商标图史》中展示的部分，成为那个年代民族工商业夹缝生存、砥砺发展的写照和后人研究的宝贵资料。

由于战争、火灾、自然灾害等原因，中国清末以来有些商标史料被毁灭或者遗失。值得庆幸的是，中国改革开放的45年，也是我国商标事业厚积薄发、硕果累累的45年，特别是党的十八大以来，我国商标事业取得了跨越式发展，已成为全球商标增长的重要力量，对全球商标增量的贡献率超过80%。1980年，我国国内商标注册累计申请量为 2.6 万件，截至 2022 年底，中国有效商标注册量增长到 4267.2 万件，其中，国内有效注册商标 4064.2 万件，占总量的 95.2%，国外在华注册商标 203.0 万件，占总量的 4.8%，连续 21 年位居世界第一。1989 年 7 月 4 日，中国递交《商标国际注册马德里协定》加入书，同年 10 月 4 日正式成为该协定缔约方，这为国内外申请人开通了商标国际注册的便捷渠道。1995 年 9 月 1 日，中国签署加入《商标国际注册马德里协定有关议定书》，该议定书于 12 月 1 日对我国生效。1998 年，我国申请人提交的马德里商标国际注册累计申请量为 755 件，截至 2022 年底，我国马德里商标国际注册累计有效注册量达 5.2 万件，成为马德里体系增速最快、最有潜力的国家之一；国外申请人指定中国的马德里商标国际注册领土延伸累计申请量 1990 年为 2048 件，到 2017 年为 206148 件，增长 10 多倍，中国从 2005 年开始连续 13 年成为马德里联盟中被指定最多的国家。

中华人民共和国成立以来，我国商标工作由恢复走向全面发展，基本建立起以《中华人民共和国商标法》为基础的健全的现代商标法律制度，基本建立起便利化的商标注册体系，基本建立起独具特色的行政和司法“双轨并行”的商标保护体系，基本建立起一支覆盖商标注册、保护、运用、服务全链条的专业队伍，品牌战略实施深入推进，商标改革红利加速释放，为中国由商标大国向商标强国迈进奠定了坚实基础。

商标史料有着独特的历史地位，是当时特定时代的经济产物和特征体现，反映了不同时代商业思维和商业面貌的演变过程。在商标专用权保护和中华老字号的传承等方面，中国清末民初时期的商标史料具有特殊的研究价值和历史文物价值，它们对现代商标起到借鉴、证明、引导和助推的作用，尤其对中华老字号品牌的恢复和重塑有重要意义。《中华商标图史》的出版为发挥商标史料的作用作出了小小努力，望能抛砖引玉。

为讲好中国故事、传递品牌最强音，《中华商标图史》将李少鹏四十余年收藏的部分老商标、商标历史档案等内容汇编成册。纵向上，将老商标如串珠般汇聚于时间轴，以捋其蕴；横向上，将品牌故事点缀其中，以增其色，唯愿用商标剪影和品牌之音助推中国企业更好地融入世界经济格局，助力中国品牌屹立于世界品牌之林。

目录

中国古代商标萌芽 1840 年以前

中国近代商标 1840—1919

中国现代商标 1919—1949

中国当代商标 1949—1982

中国古代商标萌芽

1840 年以前

从古到今，从无到有，追根溯源，我们可以从不同时代和不同角度找到中国商标演变的线索与轨迹，从原始商标萌芽、雏形到商标作为商品标记正式形成，它经历了漫长的过程。商标是从历史实践中逐渐衍生出来的，虽然谁也不能从这种衍生中还原出远古具体的历史实践，但我们可以从遗留下来的文物、古迹、文字中去认识和理解商标的发展脉络。商标的出现，有两个基本前提：一是人类生产力水平有了很大提高，人类可以创造出丰富的物质财富，这是商标出现的物质基础；二是社会分工的出现，促使商品的产生、商品交换的出现。这是商标产生的最直接动因。可以说，中国的商标发展史几乎见证了中国各个时代商品生产和商品交换的过程。

一、商周之前尚未发现商标的遗迹

《周易·系辞下》有记载，神农“日中为市，致天下之民，聚天下之货，交易而退，各得其所”。根据记载，中国古代人类的商业意识和集市贸易已于神农氏时有出现，而神农氏距今有五千多年的历史。对河姆渡遗址的考古发掘证明，河姆渡文化在公元前5000年到公元前3300年，作为河姆渡文化的代表，黑陶、干栏式建筑、水稻栽培等都有少量遗迹保留下来，这些技术及物品满足了当时人类生存的原始需求。当时，生产者和消费者同为一体，剩余产品均为农耕生产之后的业余劳动所为，自然数量不多，也不存在交易，因此没必要在产品上做标记，更谈不上商标和广告宣传意识。

《周礼·考工记》曰：“匠人营国，方九里，旁三门。国中九经九纬，经涂九轨。左祖右社，面朝后市，市朝一夫。”这里的意思是说，匠人规划和营建都城，九里见方，每边开三门。都城内有纵横各九条大道，每条道路宽九个车轨。王宫位于城的中央，王宫左边是宗庙，右边是社稷坛，城的前面（南部）是朝廷宫殿，后面（北部）有市场，但面积狭小，仅仅是象征性的。周代的经济受祭祀文化的影响，认为市场交易有害于正统文化，因此交易市场被放置于都城的北面。

通常认为，陶器、青铜器是研究商标最具说服力的载体，最古老的青铜器代表是甘肃马家窑文化遗址出土的青铜刀，距今有五千年的历史，刀把上有修饰纹，但没有区别器物所有人的作用。由此推断，商周之前并无商标遗迹。

二、商周时期器物上出现了标记——商标的萌芽

商周时期，产品交换的地区范围和产品种类均有扩大，其中一个重要的标志就是货币已成为产品交换的主要媒介，而不再是以物物交换为主。商周时期，青铜器的铭文、陶器的刻画符号已经出现，这些器物一般用于祭祀或日常使用，而不是用于交易。器物上面有各种各样的标记，如花纹、动物纹饰和铭文，如图1、图2所示，已

图1 匽侯盂，1955年出土于时属热河省凌源县，属西周早期（前11世纪至前10世纪），高24.5厘米、口径33.8厘米、底径23.3厘米

图2 匽侯盂内壁铸有铭文“匽侯作餴盂”五个字，根据族氏铭文，此盂应为燕侯的食器

具备区别器物所有人的作用。商代出现了许多附庸在王族周围的专业“族”群，并在青铜器上留下了他们的徽号。这些徽号，是象征本家族的特殊标记，在青铜器和少数其他器物上常见的族氏铭文有象征本家族的特殊标志，其族氏常写得比较象形，因而被称作“族徽”（见图3）。通过研究已经辨认出的族徽，可知商代经济生活中已经有了细致的专业分工和专业族群。虽然青铜器上的这些标记并不是商标，但它已经是具有商标意义的萌芽，可说是中国商标历史的源头。

顾　姓	侯　姓	邵　姓	孟　姓
龙　姓	万　姓	段　姓	雷　姓
钱　姓	汤　姓	尹　姓	易　姓
黎　姓	常　姓	武　姓	乔　姓
贺　姓	赖　姓	龚　姓	文　姓

图3　族徽

三、春秋战国时期商标的雏形已经出现

春秋战国时期是中国古代经济大变革的时期，社会分工已经发展到“国有六职”“市有百工”的程度，出现了“物勒工名”制度。《唐律疏议》载，“物勒工名，以考其诚，功有不当，必行其罪”。“物勒工名”制度是中国封建社会早期手工业生产管理模式的具体反映，可以通过器物上刻的名字查到责任人，对提高产品质量有重要意义。

干将，春秋吴国人，是楚国最有名的铸剑师，他打造的剑锋利无比。楚王知道了，就命令干将为他铸宝剑。干将与其妻莫邪奉命为楚王铸成宝剑两把，一把宝剑名为“干将”，另一把宝剑名为“莫邪”，“干将”“莫邪”剑即是“物勒工名”制度的典型反映。

“物勒工名”制度使人们能够初步区分产品来源，生产者能使自己的产品和他人的产品相区别。这些已能用于区分同类商品、具有特定商品属性和形式的标记即为商标雏形。

四、秦汉至南北朝时期产品标记的使用日渐广泛

秦汉是中国历史上第一个“大一统”时期，这使区域性、全国性的商品贸易往来成为可能。秦代重农抑商，商贸没有太大发展。到了汉代，产品生产和交易逐渐兴盛，手工业发达，官营和私营并进，特别是私营作坊，铭刻、标志、招牌、幌子等商标形态在这一时期相当活跃。《史记·货殖列传》载，“夫用贫求富，农不如工，工不如商”，产品交易主要以造纸、酿酒、木器、漆器、金银首饰以及冶金、编织产品等为主。古丝绸之路的开辟始于西汉时期，丝绸之路以丝绸贸易为媒介，以长安为起点，经甘肃、新疆，到中亚、西亚，并连接地中海各国，使中国人的商品意识得到提升。自孙权故里龙门古镇的“天子御酒坊”到民国时期的“永安居”，作坊被千年不变地维系着。“何以解忧，唯有杜康”是曹操《短歌行》中的佳句，这说明三国时期在产品上已使用文字作为区分产品的标记，用以市场竞争。

印信是一种原始的商标形式，起源于商代后期，兴盛于秦汉，其作用为封物的信验，如图4所示，是湖南长沙马王堆汉墓出土的“轪侯家丞”封泥。印信虽然和现代商标不同，但它具有“区别”的作用，已含有现代商标的意义，应当视为我国早期商标的一种表现形式。

南北朝时期南北分割而治，战争频仍，但北魏的统治力量相对较强，统治期间社会较为稳定，商业得以发展。北魏《洛阳伽蓝记》中记载，“京师朝贵，多出郡登藩，远相饷馈，逾于千里。以其远至，号曰鹤觞，亦名骑驴酒”，这里的“号”应该是酒品名字的意思，而非商号，“鹤觞”则是清晰的产品标记，但除了“鹤觞”二字未见其他商标要素，否则，业界公认的中国第一枚商标就要从北宋时期提早到南北朝时期了。可见，南北朝时期产品标记在产品交易中使用已很广泛。

图4 湖南长沙马王堆汉墓出土的“轪侯家丞”封泥

五、隋唐时期的商业繁荣为商标的出现奠定基础

隋朝是中国古代社会经济开始走向繁盛时期。隋

唐大运河是世界上开凿最早、规模最大的运河，其以洛阳为中心，南起余杭（今杭州），北至涿郡（今北京），全长2700公里，成为南北交通的大动脉，促进了南北经济文化的交流，把中原文化带到了南北，也把北方草原游牧文化、南方鱼米桑茶水乡文化带到了中原，为经济发展发挥了很大的促进作用。在大运河修建成功和此后发挥作用的五百余年时间内，隋唐大运河成为沟通其沿线区域的重要政治、经济、文化的纽带，对巩固国家统一和促进社会经济发展都发挥了重要作用。由此，中国古代封建经济得以进入空前发展时期，产品标记的发展也进入一个新的时期。

隋唐大运河迎来了唐代的开元之治。唐朝是中国封建社会发展的鼎盛时期，商品种类繁多，各地商品交流日趋活跃，这也是产品标记得以发展的重要原因。当时，进入市场交易的商品主要有纺织品、金属器皿、文化用品、漆器以及茶、糖、瓷器等新兴商品。唐代在实行“物勒工名”的基础上，官府对手工业实行工匠征集制度，这样做是为了确保官府作坊的技术骨干保持一定数量。政府为工匠设立“匠籍”，子弟要世袭匠籍，有关部门对传授技艺严格考核、监督，甚至对不真正履行义务者进行处分。由于重视工匠精神并进行相关的制度建设，唐代涌现了一大批技艺精湛的工匠和工匠家族。

雕版印刷技术发明于唐朝，并在唐朝中后期逐渐流行。这一时期也是造纸术得以重大发展的时期。据史料记载，仅唐代向朝廷贡纸的就有常州、杭州、越州、婺州、衢州、宣州、歙州、池州、江州、信州、衡州等11个州邑。由于产纸量大，社会上消耗量亦甚可观，只以唐内府集贤书院为例，大中三年（849）一年内用蜀纸一万多张。由此可见，各地都有自己的名贵纸张，四川更是成为纸张的重要产地。在商品交易过程中，为了获得更好的声誉，生产者注重产品质量和信誉，客观上为品牌意识的树立和推广创造了条件，为商标的出现奠定了基础。1944年，成都市东门外望江楼附近的唐墓出土了一份印刷品《陀罗尼经咒》，约一尺见方，上刻古梵文经咒，四周和中央印有小佛像，边上有一行汉字依稀可辨，为“成都府成都县龙池坊卞家印卖咒本”（见图5）。

图5　成都出土的唐代“成都府成都县龙池坊卞家印卖咒本”《陀罗尼经咒》

这是我国目前发现的较重要的有字号的印刷品实物。

六、宋代完整属性的商标出现

宋代是中国古代社会政治、经济、文化大变革时期，也是商业环境发生较大变化的时期。首先是坊市制在宋代被打破。坊市制是中国古代官府对城区规划和市场管理的制度，亦称市坊制。从西周到唐代，城市建置的格局一直是市与坊分设，市内不住家，坊内不设店肆。市的四周以垣墙围圈，四面设门。市门朝开夕闭，交易聚散有时。市的设立、废撤和迁徙都由官府以命令行之。市内店铺按商品种类区分，排列在规定地点。政府设有管理市场的专职官吏，历代名称不同，如司市、贾正、市令等，其职掌基本类似。举凡市上商品、参与交易的人、度量衡、交易契据以及价格的评定、市税的收缴等，都在市官的监督和管辖之下。自京城以至郡府州县均各有市，同样设有市官管理。宋代逐渐打破了市坊格局，街市上随处可以开设店铺，早市、日市和夜市的出现使商品交易的时间得以延长，商品交换的范围和领域进一步扩大，尤其是北宋都城开封和南宋都城临安，城市人口都超过百万，是当时最大、最繁华的大都市之一。废除坊市制所产生的变革，便是城市经济职能的增强与城市商业的繁荣，这使商品和商号巨量增加，门店的区分和产品的区分随之产生，完整商标的出现也就成为必然。其次是经济重心呈现东进和南移的趋势，商业发展呈现新的格局。宋代商业的发展基础是农业和手工业，这使宋代的商业发展更具特色。手工业发展除了官府作坊外，私营的手工业作坊大量出现，社会商品生产更为繁荣，市场交易品种更加丰富，产品标记的使用也日渐流行和完备。这一时期，产品标记由原来大多用地名、人名、商铺名等纯文字商标，如“丑婆婆药铺”、“黑虎王医生”、名窑龙泉青瓷“永清窑记”（见图6）等，逐渐演变成“图形 + 文字”组合形式，形成较为完

图 6　宋代名窑龙泉青瓷“永清窑记”标记

图 7　宋代湖州厂家生产的铜镜上刻有“湖州真石家念二叔照子”

整的商标样式。湖州厂家生产的铜镜上刻有“湖州真石家念二叔照子”（见图 7），这个产品标记出现了“真”字样，具有现代商标防止假冒的作用。

北宋时期（960—1127），山东济南刘家功夫针铺使用的白兔商标广告（见图 8），是我国目前发现最早使用的、最完整的、图文并茂的商标广告。这块北宋的印刷铜版现存于中国国家博物馆，该铜版长宽分别为 13.2 厘米和 12.4 厘米，铜版中间是一只白兔拿着铁杵捣药，白兔上方印有一排字“济南刘家功夫针铺”，两边刻着“认门前白兔儿为

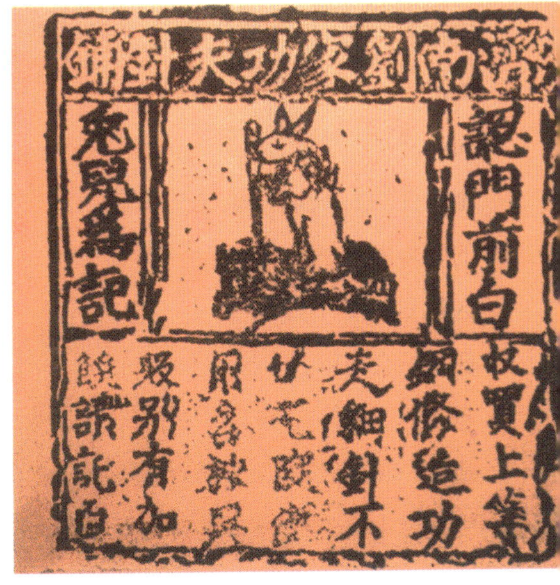

图 8　北宋山东济南刘家功夫针铺使用的白兔商标广告

记”，下方刻着“收买上等钢条，造功夫细针，不误宅院使用，转卖兴贩，别有加饶，请记白”。当时商品经营以自产自销为主，这种店铺标记成为此种经营方式下商品的专有标识。

七、元、明时期“字号”的快速发展

元朝的统一促进了民族的融合，这一时期的商业重心北移，以“字号”为特征的商号大量涌现。明代是我国商品经济发展的重大转折期，随着社会分工的进一步深入，商品生产不断细分，进而出现具有全国规模的商品生产，这为全国性的商品生产和交换提供了更宽广的领域和更大的发展空间。这一时期，区域贸易更富特色，商人的地位提高，商业行会组织在区域贸易中发挥的作用越来越大。商品贸易在中心城市、沿海或港口城市及集镇之间进行，商品经济发展呈上升趋势。在这种环境中，很多商号经过多年经营，渐渐形成自己特有的招牌。明代招牌的大量涌现，是中国传统商业精神和商业理念长期积累的结果，每一个招牌的背后，都有该行业商家的创业典故和发家史。明代是中国传统“字号”标记的发展时期，幌子、招牌上面的“字号”为商标的进一步完善提供了基础。

商标是商品的标记，商号是企业的标记，企业的商号注册成商标，商号、商标也就合为一体，比如“六必居”（1530 年创办）、“马应龙”（1582 年创办）。“字号”发展到此时，基本具备了商标的各种属性，但作为法律范畴商标的出现，却是 20 世纪初的事了。

八、清代步入行业公约时代

我国古代在国家制定法之外，各种民商习惯与规则大量存在，并在各个领域发挥着重要的作用。清代就是借助行业习惯与规则的约束力限制行业内部的无序竞争，保证商品生产和流通的正常秩序，从而保护从业者的应得利益。会馆、公所或者商会，就是应运而生的行业约束组织。这就是在没有商标法律的清代早期，商标的管理、保护以及品牌维权的特殊方式。

“会馆”最早见于明代，盛行于清代；伴随着外国资本的侵入，“公所”也成为中国民族企业抵御外来资本入侵的组织。会馆和公所都是具有地域特色的商业行会组织，各个行业的会馆和公所都带有同乡会的性质，因为某一地区或某一行业从事商业活动的人，往往是同乡甚至是同一家族，这样也就形成了地方性商业集团——行帮。行帮是按省份来划分的，明清时期，行帮有数十个，主要分布在徽州、山西、陕西、山东、江苏、浙江、福建、广东等地，其中，最为有名的数徽州帮和山西帮，其活动足迹遍布全国各地，在许多地方都有自己的会馆和公所，这些会馆和公所成为他们旅途歇息、办事、集合和祭神之所。清代的会馆和公所较之明代又有了较大发展，这和行帮的规模不断扩大、活动范围更加广泛且关系更加密切有关。这些行帮以会馆和公所作为活动中心，从事区域或者对外贸易，发放高利贷，购买土地，投资手工业，开办钱庄、票号，在清代的商业活动中发挥着重要作用。例如，清末的纺织印染业曾经是国内的支柱产业，伴随着纺织业规模的扩大，行业公所也起到组织、协调、规范行业和维权的作用。

明清以来，官府对商业的管制有抬价罚则、欺行霸市罚则、器用布绢不如法罚则、客店铺户管理制度、番商管理制度、洋行制度等。为了防止商号和商标重名，地方商会或行业公所也会针对自己会员使用的商号和商标制定一些规则，比如，道光五年（1825），上海绮藻堂布业公所[①]为规范同行各个布业的商号和商标使用，制定“牌谱”和“牌律”。“牌谱”即商牌（商标）注册簿；“牌律”大致等同于商标法律。《明

① 上海绮藻堂布业公所，也称土布公所，成立于1662年，是土布业商人聚集在豫园得月楼的议事场所。

清以来苏州社会史碑刻集》(王国平、唐力行主编，苏州大学出版社,1998 年)记载，道光九年(1829)，有人假冒苏州沈丹桂堂牌记膏药出售，上海绮藻堂布业公所和沈氏请求元和县严禁此等行为，元和县遂勒石示禁:“如有棍徒敢于假冒沈丹桂堂牌记，以及换字同音混卖者，需即指名禀县，以凭提究。”

更有一些传统中医药行业的著名品牌，如山东德盛堂(见图 9)，为了宣传并与同类商品相区分，分别于顺治五年(1648)、康熙三十年(1691)和道光八年(1828)印制自己的商标广告，以图文并茂的形式将商号历史清晰展示，并定期更换版本。

可见，在没有商标法律的时代，对于假冒字号、图记、招牌、店名的行为，多由同业行帮、公所共同议决，订立章程，或请求官府勒石示禁，甚至对冒牌者提讯究办。这些由行会公所订立的行规章程以及由官府发布的禁令或通告，多年来对维护商品生产和交易秩序、打击假冒商标和字号等行为起着重要作用。

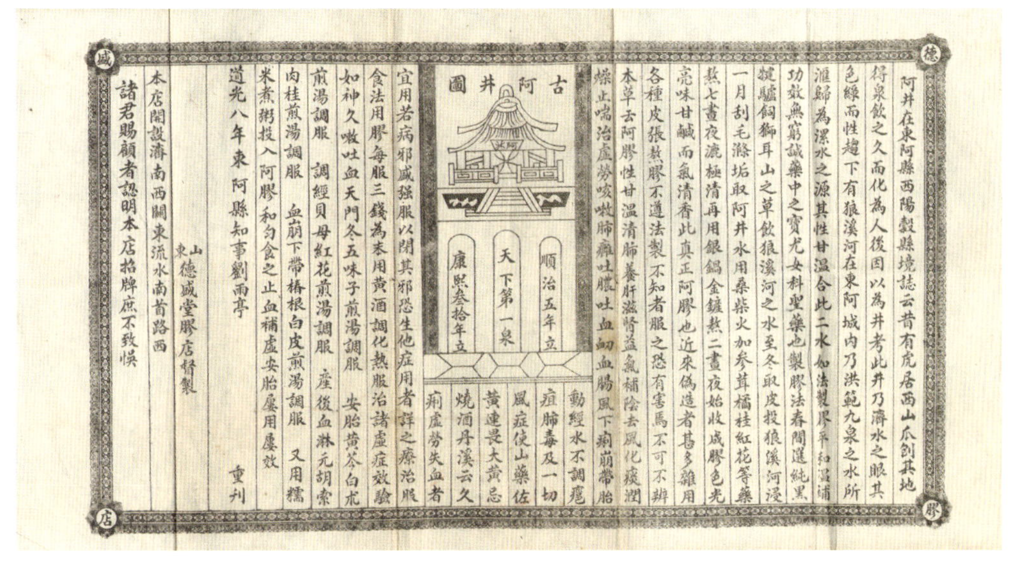

图 9 道光八年(1828)山东德盛堂东阿阿胶商标广告内容

中国近代商标

1840—1919

一、清末民初经典商标

清代末期，民间大量使用商标，假冒商标的侵权行为时有发生。1902 年 9 月，我国与英国签订了《中英续议通商行船条约》，随后美国、日本、葡萄牙等帝国主义列强也都强迫与我国签订了一系列不平等条约，条约内容都涉及外国商标在华保护的问题。20 世纪初，外国驻华公使、外国商务代表等多次督促清政府履行相关通商条约，保护外国商标不受侵害。清政府为调整日益复杂的商事关系，于 1903 年设立商部。1904 年 8 月，商部“采择各国通例，参协中外之宜，酌量添改”，拟定了《商标注册试办章程》（共 28 条，见图 10）和《商标注册细目》（共 23 条）。这是中国历史上第一部由中央政府批准颁行的商标法规。《商标注册试办章程》对外颁布后，因遭到部分外商的反对，其内容只有部分被实施。1904 年 10 月，津、沪两地实施海关商标挂号分局制度。该制度一直沿用至民国十二年（1923），至北洋政府农商部商标局正式成立才宣告结束。商标挂号制度实施二十年间，共受理中外厂商商标挂号三万多件，其

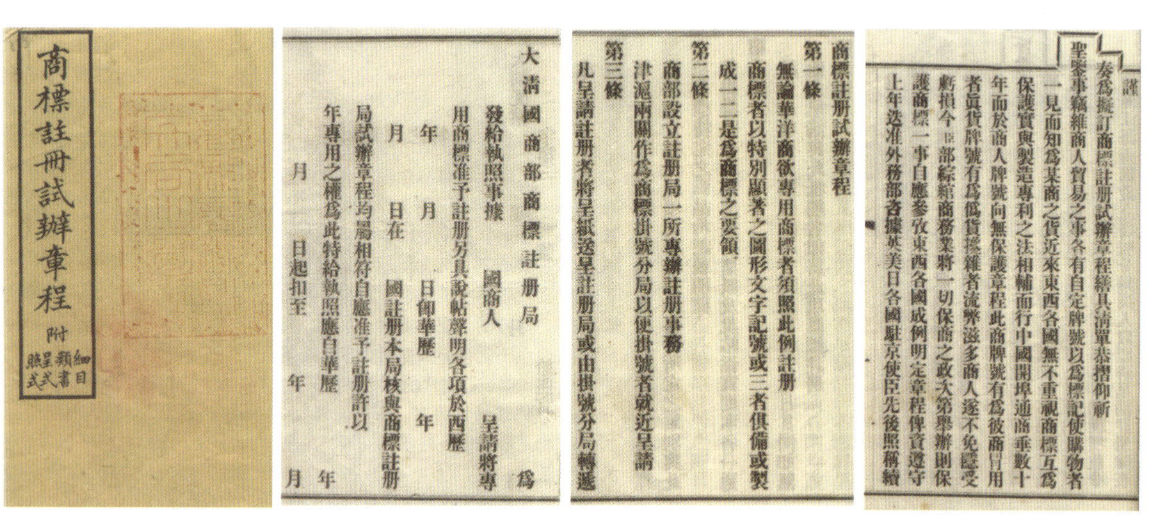
商標註冊試辦章程
附 細目 類書 呈式 照式

大清國商部商標註冊局　爲
發給執照事據　國商人　呈請將專
用商標准予註冊另具說帖聲明各項於西歷
年　月　日仰華歷　年
月　日在　國註冊本局核與商標註冊
局試辦章程均屬相符自應准予註冊許以
年專用之權爲此特給執照應自華歷
月　日起扣至　年　月

商標註冊試辦章程
第一條
無論華洋商欲專用商標者須照此例註冊
商標者以特別顯著之圖形文字記號或三者俱備或製
成一二是爲商標之要領
第二條
商部設立註冊局一所專辦註冊事務
津滬兩關作爲商標掛號分局以便掛號者就近呈請
第三條
凡呈請註冊者將呈紙送呈註冊局或由掛號分局轉遞

謹
奏爲擬訂商標註冊試辦章程繕具清單恭摺仰祈
聖鑒事竊維商人貿易之事各有自定牌號以爲標記使購物者
一見而知爲某商之貨近來東西各國無不重視商標互爲
保護實與製造專利之法相輔而行中國開埠通商垂數十
年而於商人牌號向無保護章程此商牌號有爲彼商冒用
者贗貨牌號有爲僞貨攙雜者流弊滋多商人遂不免隱受
虧損今臣部綜轄商務業將一切保商之政次第舉辦則保
護商標一事自應參攷東西各國成例明定章程俾資遵守
上年迭准外務部咨據英美日各國駐京使臣先後照稱繪

图 10　1904 年《商标注册试办章程》样页

中以外商商标居多。

追溯我国第一部商标法规诞生的整个过程，完全可以这样认为：制定商标法规的目的，是以保护外国商标为主，而不是中国商标；要保护的主要是外国商人，而不是华商。商标挂号制度，就是在这样不平等的法律环境下服务外商二十年。

在这样的大环境下，我国民族工商业仍然产生了诸多商标，如苏纶厂“天官为记”、北京丹凤厂“红丹凤”等。

1. 中国第一枚民族工业火柴商标

火柴的起源可以追溯到早期中国人们使用的一种叫做“火石”的工具。火石是一种含有燧石成分的矿石，通过摩擦打火钩上的金属产生火花，从而点燃柴火。随着科学技术的进步，人们发明了更加方便易用的火柴。最早的火柴是磷火柴，后来，人们发明了硫黄火柴和红磷火柴，继而又发明了摩擦点火火柴。进入 19 世纪，我国使用的火柴都源于进口。据《稀见清世史料并考释》（王庆成编著，武汉出版社，1998 年）记载，道光二十四年（1844）阳和商号有进口“自来火”（火柴）的记录。上海开埠，外国火柴涌进中国市场，而我国民族工业起步较晚，到了 19 世纪六七十年代，在仅有的几十家民族企业中，未见有火柴工业的记载。最早的关于我国火柴工业的信息源自 1877 年的《申报》。如图 11 所示，这里以广告形

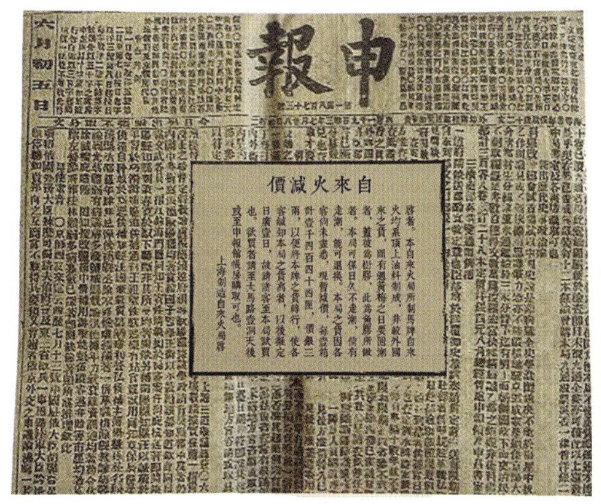
申報

六月初五日

自來火減價

啓者。本自來火局所製馬牌自來火均系頂上油料製成，非較外國來之貨，間有遇黃梅之日要回潮者，蓋彼爲樹膠，此爲魚膠所做者。本局可保日久不走潮，倘有走潮，能可退换。本局之貨因各客尚未盡悉，現暫減價，每壹箱計壹千四百四十四匣，價銀三兩，以便將本牌之貨轉行，使各客咸知本局之貨高者，以後擬定日廣壹日，故請諸客至本局試買也。欲買者請至大馬路壹洞天後或至申報館帳房購取可也。

上海製造自來火局啓

图 11　1877 年 12 月 11 日《申报》第六版有关马牌的火柴广告，内容如下：自来火减价　启者：本自来火局所制马牌自来火均系顶上油料制成，非较外国来之货，间有遇黄梅之日要回潮者，盖彼为树胶，此为鱼胶所做者。本局可保日久不走潮，倘有走潮，能可退换。本局之货因各客尚未尽悉，现暂减价，每壹箱计壹千四百四十四匣，价银三两，以便将本牌之货转行，使各客咸知本局之货高者，以后拟定日广壹日，故请诸客至本局试买也。欲买者请至大马路壹洞天后或至申报馆账房购取可也。上海制造自来火局启

式记载了中国第一枚民族工业火柴商标，即上海制造自来火局1877—1878年的马牌商标（1877年12月11日《申报》第六版广告有文字记载，但未见马牌火柴商标图样）。

2. 上海燮昌火柴厂“渭水”商标

从1926年8月的第78期《商标公报》可以看到上海燮昌火柴厂和上海荧昌火柴厂关于渭水商标诉讼官司的资料信息：“燮昌于光绪十六年禀奉南洋大臣批准渭水商标……”渭水牌火柴商标于清光绪十六年（1890）经清政府批准使用（见图12）。这就产生了一个问题，在《商标注册试办章程》（1904年8月）公布前这段时间，是哪个政府部门批准商标的呢？1844年，为处理对外通商事务（也包括外交事务），清政府在广州设立五口通商大臣，在办理通商、海防交涉事务等的同时，还兼任保护外资商标不被国人仿冒之职。1861年，清政府开始设南、北洋通商大臣[①]，监管国家沿海地区通商事务并代管商标审批工作，这是我国中央政府最早的商标管理机构。当时北洋通商大臣分管天津、河北、山东、辽宁等北方沿海地区，南洋通商大臣分管上海、江苏、浙江、福建和广东等南方沿海地区。此外，从《清末民初外国在华商号洋行档案汇编》

---

① 南洋通商大臣：1844年，为应付对外通商（也包括外交），清朝在广州设立五口通商大臣，由两广总督特加钦差大臣头衔兼任。咸丰十年十二月（1861年1月），置三口通商大臣，并循鸦片战争以来旧例，设立五口通商大臣，列于总理各国事务衙门之下，管理广州、福州、厦门、宁波、上海、潮州、琼州、淡水各地通商事务及各项“洋务”，由江苏巡抚兼任，同治五年（1866）改称南洋通商大臣。最初，南洋大臣为专职，薛焕任职，后由两江总督兼任，驻地从上海移到南京。历任南洋通商大臣有曾国藩、李鸿章、左宗棠、沈葆桢、张之洞、刘坤一、端方等。

北洋通商大臣：咸丰十年十二月（1861年1月），清政府设总理各国事务衙门，下设三口通商大臣及南洋通商大臣。三口通商大臣驻天津，管理牛庄、天津、登州三口通商事务。同治九年（1870）改三口通商大臣为北洋通商大臣，简称北洋大臣，由直隶总督兼任。管理直隶（今河北）、山东、奉天（今辽宁）三省通商、洋务，办理有关外交、海防、关税及官办军事工业等事宜。担任过北洋大臣的有李鸿章、王文韶、荣禄、袁世凯等。

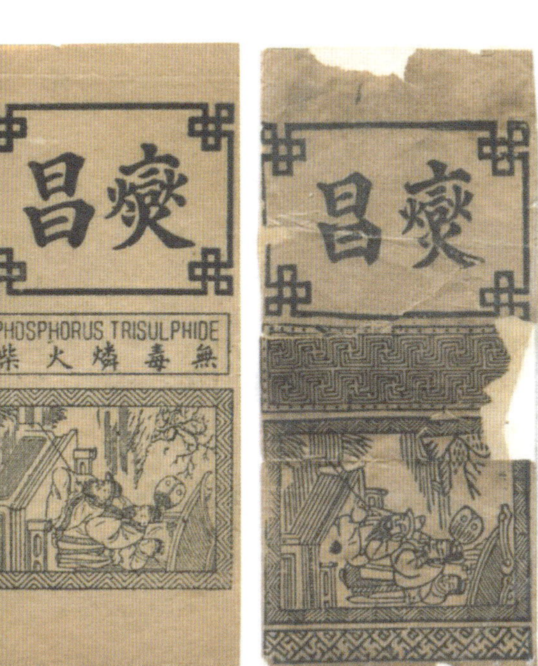

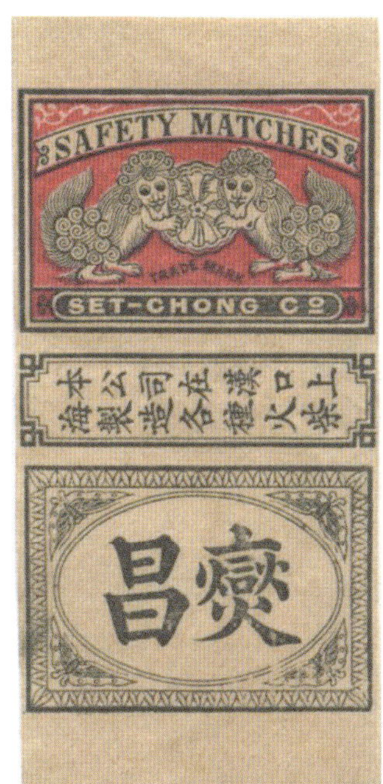

A　　B　　C　　D

图 12　上海燮昌火柴厂商标，其中 A 图为上海燮昌火柴厂 1890 年 8 月创办后使用的商标，B 图为日商冈部喜太郎于 1901 年 3 月 22 日在日本注册和使用的商标，C 图为汉口燮昌公司 1926—1930 年使用的双狮球商标，D 图为 1898 年后上海燮昌火柴厂使用的单狮球商标，1927 年停用

（内部资料，全国图书馆文献缩微复制中心，2009 年）第 117—131 页的清政府 1904 年 3 月公函档案里，可以看到税务司禁阻晋隆洋行纸烟的信息，而税务、关务均归属两洋大臣（南洋通商大臣和北洋通商大臣）管辖。综合渭水商标案件和晋隆洋行纸烟信息，说明 1861 年到清政府成立商部（1903 年）之前，通商大臣兼管的各项事务中，包含对商标的管理。但与商标有关的文件，如呈请书、说帖之类，目前均未见到 1901 年之前的实物或者影印件。

3. 苏纶纱厂老商标

苏纶纱厂（后改名为苏纶纺织厂），始建于 1895 年，停业于 2003 年，2005 年正式宣布破产。苏纶纱厂跨越百余年，几经兴衰沉浮，是苏州最早建立的、最大的民族纺织企业之一，在中国近代工业史上占有重要地位。

鸦片战争以后，中国的棉纺织手工业在帝国主义列强的入侵和掠夺、洋纱洋布倾销的冲击下，遭受了前所未有的重创。统治集团中的一些上层官僚提出“自强”、“求富”及“实业救国”的口号，掀起了近代中国学习西方工业化的大规模运动——洋务运动。1895年，中日签订《马关条约》后，清政府被迫赔付巨额军费给日本，为此，需要广开财源，大兴厂矿。在这种背景下，苏纶纱厂应运而生。当时，两江总督张之洞为“振兴商务、自保利权”，提议在苏州设立纱厂和丝厂，即苏纶纱厂和苏经丝厂。在资金方面，移用清政府向苏州等地商民借银之54.76万两白银，又由官府筹拨23.5万两。工厂于1897年建成，机器从英国进口，工人有两千多人，定名苏纶纱厂，由苏州商务局督办，丁忧在家的苏州人陆润庠（清末状元，溥仪的老师）出任经理。苏纶纱厂创厂时所用的商标图案如图13所示。苏纶纱厂的建立，看似为洋务运动的产物，实质是《马关条约》后为抵御日本经济入侵的“早产儿”。

工厂在1897—1902年，是官督商办时期。1898年，陆润庠赴京任职后，又由纸业商人祝承桂与苏州商务局签订协议接办，承租包办5年。在祝承桂接办的时期，洋纱倾销，纱厂连年巨亏，5年内累计亏损31万余银两。官方无力维持，随即招商由费承荫继续经营。1903—1907年，是费承荫招商租办时期。1903年后苏纶纱厂使用的商标图案如图14所示。由于股息降低，减轻了工厂经营的成本，再加上处于日俄战争时期，洋纱进口减少，工厂棉纱销售扩大，纱厂经营大为好转。

从1908年开始，股东开始收回企业，老股东公推张履谦、吴本善为经理，纱厂进入股东自行经营的阶段。由于新老股东间发生严重的争执，又因洋纱返销中国市场愈演愈烈，内外交困的境遇使民族纺织业再一次受到冲击，其间，苏纶纱厂停产一年零七个月。

1912年8月5日，苏纶纱厂租给

图13|图14

图13 官督商办苏纶纱厂创厂所使用的商标图案（1897—1902年使用）
图14 1903年后苏纶纱厂使用的商标图案

源记公司许松春经营，历时四年零四个月。当时社会动荡不安，原料奇缺，纱厂难以为继。在许松春租办期间，厂商协理王驾六用1.3万银两买下苏纶和苏经两厂，苏纶厂完全脱离了官方。1917年2月，苏纶厂又租给了宝通公司刘柏森经营，纱厂经营虽有一定的好转，但依然困难。到1925年，苏纶

图 15
图 16

图 15 1929 年 7 月，光裕营业公司苏纶纺织厂严裕棠呈请注册“神鹰牌”商标，商标信息刊登于 1930 年 4 月第 34 期《商标公报》，商标审定号为 5397，商品类别为第 31 类棉织品
图 16 1935 年后使用的“飞鹰”商标

纱厂租给了毛鉴清纺织洽记公司严裕棠。1927 年，严裕棠用 25.05 万两银子买下苏纶和苏经两厂，成立“光裕营业公司苏纶纺织厂”，由严氏独立经营管理，从此苏纶纱厂变成真正意义上的商办企业。

严裕棠执掌苏纶纱厂后，即进行改组，专营纺纱业务，励精图治，加强管理，发展较快。1930 年又在厂内增建第二纺纱工场（厂），另增建织布工场。扩大生产后，纱厂获得了丰厚的利润。

好景不长，1935 年，时任总经理严庆祥（严裕棠长子）因花纱买卖失败，失去了在花纱界的地位，随后改组公司成立“苏纶纺织印染股份有限公司”。当时棉纱使用天官牌商标，棉布使用“神鹰牌”和“飞鹰”商标（见图 15、图 16）。1937 年 11 月，苏州沦陷，工厂被日军侵占，成了兵营，生产车间成了养马场。随后，日军把工厂交给了日本某株式会社经营。直到 1941 年，工厂才重新回到严氏手中。

抗战胜利后，苏纶厂于 1945 年 11 月复工。1947 年开始重建第一纺纱工厂，另外还增建了染布厂房，名为苏纶纺织印染股份有限公司。1947 年 12 月，苏纶纺织印染股份有限公司（上海江西路 451 号）呈请注册“天官为记”商标，商标审定号 49446，1948 年 3 月 1 日《商标公报》刊登了商标注册信息。1949 年苏州解放后，工厂成为苏州规模最大、人数最多的市属企业之一。1954 年，工厂实现公私合营。1966 年，苏纶厂改为国营，定名为地方国营人民纺织厂。1998 年，苏纶厂破产重组，成立“新苏纶纺织有限公司”。2005 年，工厂正式宣布破产，百年老厂走到了它生命的尽头。

4. 上海老正和染厂商标

沈松庭于 1866 年 8 月创办老正和染厂，厂址设于上海洋泾浜郑家木桥东首（今延安东路 191 号）。初期，染厂生产工具是一缸两棒，纯手工操作，使用国产植物性染料，为绸庄和客户代染衣片、土布、棉纱等，经营多年，颇具名声。1900 年，老正和染厂购置立式锅炉 1 台，使蒸汽加热与砻糠燃烧加热并存，并于当年启用访贤牌商标，图案为“姜太公渭水钓鱼图”。1910 年，沈松庭之子沈访贤任经理，将老正和染厂改名为老正和顺记染厂。1916 年，沈访贤弃商，鲁庭健、吴荣鑫、吴指华各出资 1000 银元合股盘下，由鲁庭健出任经理，改名老正和发记染厂，其商标如图 17 所示。染厂增加雇员四五十

图 17　上海老正和发记染厂访贤牌商标“姜太公渭水钓鱼图”，使用时间为 1916—1938 年

人，加工产品扩大为代染各色绸缎、呢绒、毛线等。鲁庭健善于经营，他在温州设立零染业务收发站，接到生意后，送上海老正和加染。他还在荣记大世界、黄金大戏院、城隍庙九曲桥等地大做广告，使门市业务大振。1920 年，老正和发记染厂购置法国制造的 8 吨卧式锅炉 1 台，开创了蒸汽染色的先河，染色质量持续提高。老正和发记染厂用料上等，出品精良，内部管理严格，服务态度热情、诚恳，生意兴旺，先后于 1919 年与 1933 年在上海增设南号、西号两染店。1933 年 2 月，“老正和染厂”呈请注册商标，商标审定号为 14541。1934 年，老正和发记染厂全年营业额 100 多万银元，员工增至 270 多人。上海三大祥（协大祥、信大祥、宝大祥）绸布店均与之建立染色加工协作关系。抗战初期，老正和发记染厂为坚守抗日阵地的 55 师和警察大队 5000 名官兵义务染斜纹布，以供制作军服。1938 年 10 月，鲁庭健病故，由黄龙初接任经理，改名为老正和茂记染厂，其商标如图 18 所示。

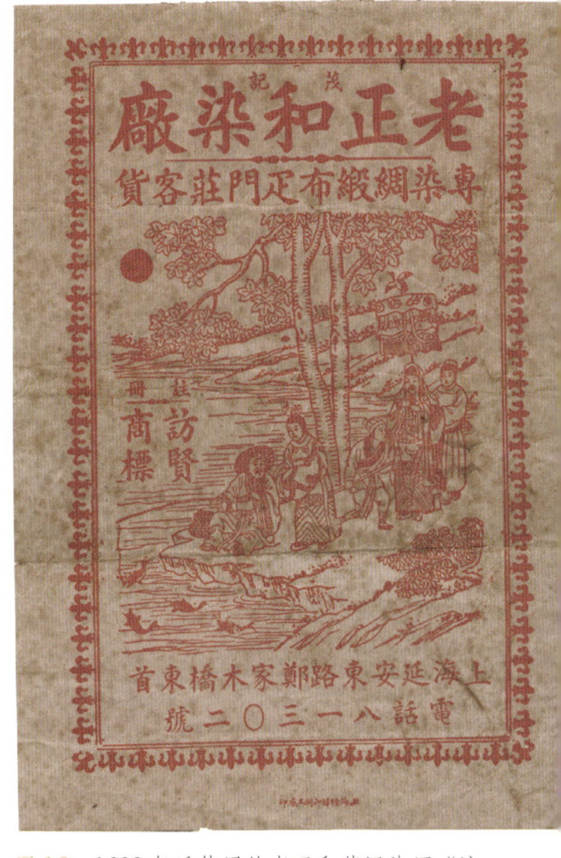

图 18　1938 年后使用的老正和茂记染厂“访贤”注册商标

二、清末商标说明与说帖

在 1904 年《商标注册试办章程》颁布前，商标都是由南、北洋通商大臣代为管理。1904—1923 年，商标通过登记备案的方式，分别由海关、商部商标注册局、农工商部、北洋农商部商标登录筹备处管辖，书面凭证有商标说明和说帖两种模式（见图 19、图 20）。

清代商标说明和呈请书存世者寥寥无几，天津市档案馆和中国第二历史档案馆里有少量清代的商标说帖和商标说明，其中大部分与颜料、纺织品、烟草、酒相关。

在近代贸易中，火柴生意是一个关系千家万户的大宗项目，1878 年 1 月自上海制造自来火局在上海大马路（今南京东路）开设祥和丰洋货号，代理新燧社的樱花牌火柴开始，中国、印度以及东南亚国家和地区就成了日本火柴的销售市场。由于中国民族火柴工业起步晚于日本，且华商还不能直接参与日本的火柴制造业，所以聪明的华商采取

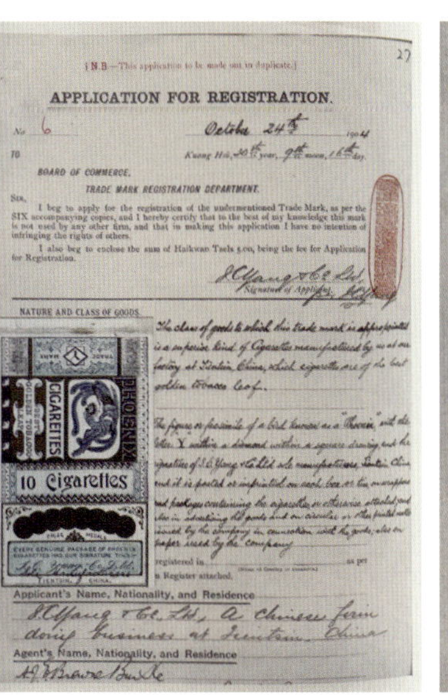
(N.B.—This application to be made out in duplicate.)

APPLICATION FOR REGISTRATION.

No. 6 October 24th 1904

TO Kuang Hsü 30th year, 9th moon, 16th day.

BOARD OF COMMERCE,

TRADE MARK REGISTRATION DEPARTMENT.

Sir,

I beg to apply for the registration of the undermentioned Trade Mark, as per the SIX accompanying copies, and I hereby certify that to the best of my knowledge this mark is not used by any other firm, and that in making this application I have no intention of infringing the rights of others.

I also beg to enclose the sum of Haikwan Taels 5.00, being the fee for Application for Registration.

Signature of Applicant.

NATURE AND CLASS OF GOODS.

registered in ... as per ... Register attached.

Applicant's Name, Nationality, and Residence

Agent's Name, Nationality, and Residence

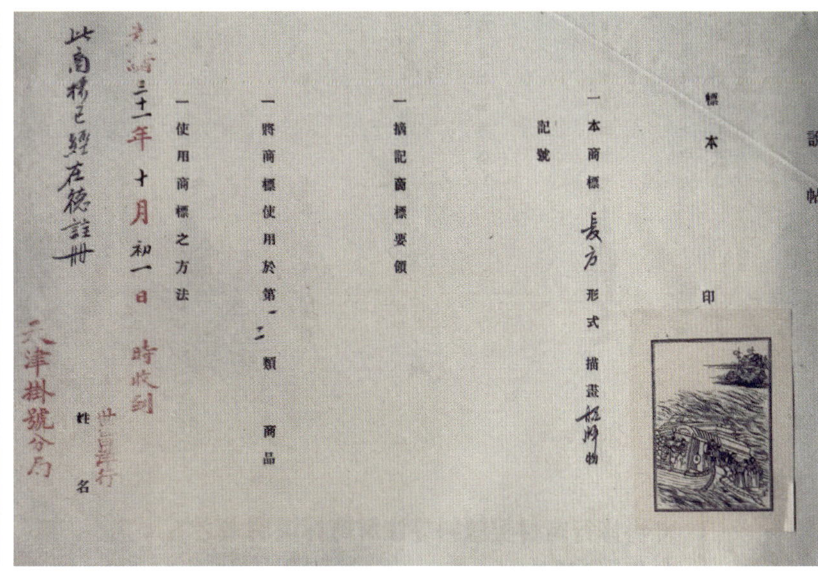
說帖

標本

印

一本商標長方形式描畫

記號

一摘記商標要領

一將商標使用於第一二類商品

一使用商標之方法

光緒三十一年十月初一日時收到

此商標已經在德註冊

姓名 世昌洋行

天津掛號分局

图 19 | 图 20　图 19　天津临记烟卷有限公司 1904 年 10 月 24 日在清商部商标注册局注册的商标，包括商标说明和商标图案

图 20　德国世昌洋行 1905 年在清商部商标注册局注册的颜料商标，包括说帖和商标图案

融资、预购的方法，向香港、青岛、上海、烟台、天津等港口输出火柴，这从客观上刺激了日本火柴业的发展。1900年，在日本神户参与经营火柴贸易的23家外商中，中国商人占12家，至1902年，已经有23家华商从事火柴贸易，更有华商买下日商的火柴商标使用权，宁波的孙成基就是其中一例（见图21、图22、图23）。

三、清末洋行商标

鸦片战争后，外国资本侵入中国，洋货如潮水般输入，中国白银大量外

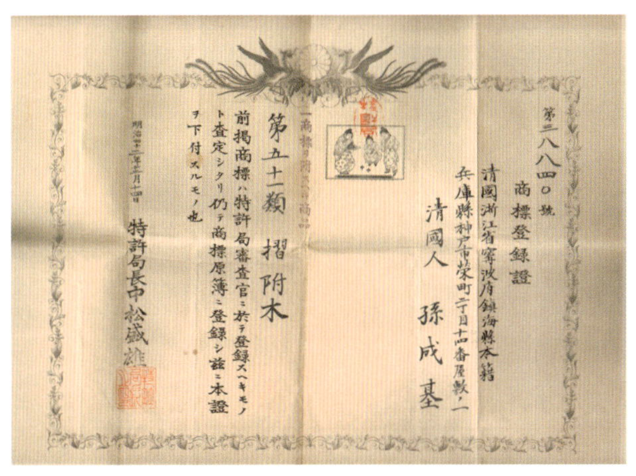
第三八八四〇號
商標登録證
清國浙江省寧波府鎮海縣本籍
兵庫縣神戸市榮町二丁目十四番屋敷ノ一
清國人 孫成基
第五十一類 摺附木
前掲商標ハ特許局審査官ニ於テ登録スヘキモノト査定シタリ仍テ商標原簿ニ登録シ茲ニ本證ヲ下付スルモノ也
特許局長中松盛雄

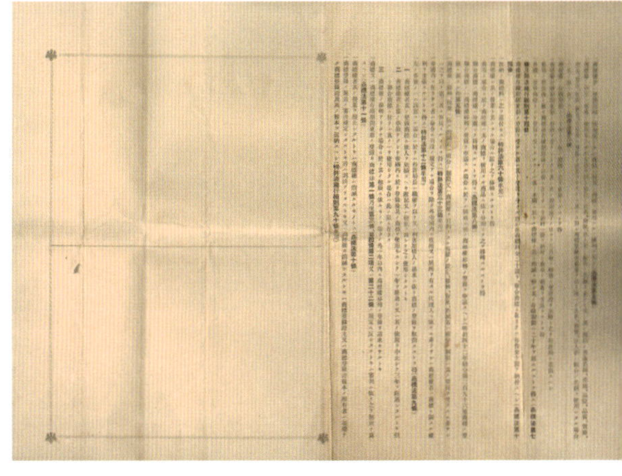

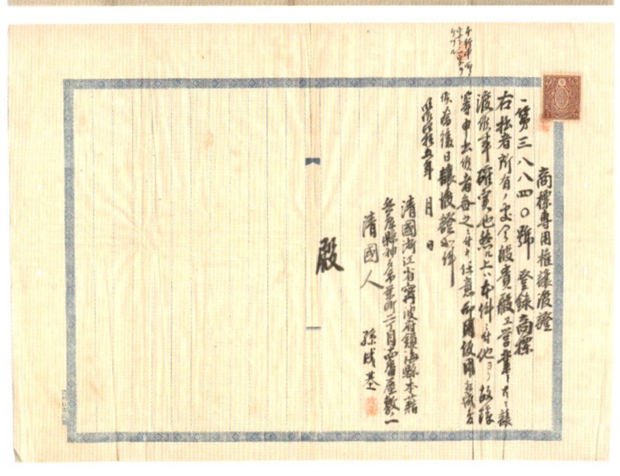
商標專用權讓渡證
第三八八四〇號 登録商標
清國浙江省寧波府鎮海縣本籍
清國人 孫成基
殿

图21 | 图22
图23

图21、图22 1909年华商在日本购入的火柴商标专用权注册证（正、反面）

图23 1909年日商转让华商的火柴商标专用权让渡证书

流。1844年，上海阳和行号已经有“自来火”输入中国的记录，另有英商洋行仁记、和记、义记输入大量布匹到中国。整卷布匹外包装或者成品盒上方都贴有精美的洋行商标。

据不完全统计，截至1911年，在华洋行有2863家之多[①]。洋行是中外贸易的枢纽，在华洋行商标也成为中国老商标的一部分，这些商标大部分出现得比较早，包括清代以及北洋政府时期注册的洋行商标。

1. 英商裕昌洋行“高升图”商标

裕昌洋行是上海英商贸易行，1891年前由休伊特等发起开办，先后在上海北京路及宁波路营业，于香港及汉口设分号，经营匹头进口、拍卖及杂货贸易，代理英、德几家保险及其他厂商，使用“高升图”（见图24）、“人担花”等商标。1910年后由经理葛雷烈出面接办，华名依旧。1920年前后被香港洛士利洋行兼

图24 英商裕昌洋行“高升图”商标，1910年前在华使用。该商标于19世纪末在英国注册，商标注册类别分别为24类和34类，商标注册号分别为51623和51624

① 聂宝臻:《中国大百科全书·中国历史》“外国在华洋行”条。

并，成为洛士利洋行在沪商号。

2. 德国世昌洋行在华商标

世昌洋行，总部在德国哈根，设天津德商贸易行，负责人塞洛。1864年前后由香港禅臣洋行职员、德国驻天津领事斯丹文与帕里措特合伙开办，经营范围包括纺织品、化工品、医药产品等，兼做代理业务。1872年前帕里措特退出，由斯丹文独立维持。1891年前主要股东为汉堡咪吔洋行主人梅雅德。20世纪初先后增设营口、青岛、济南、北京、沈阳诸分号。

图25 1904年德国世昌洋行机制针商标正图（2cm×1cm）

中国目前可见的最小的注册商标就是德国世昌洋行1904年在华注册和销售的机制针商标（见图25）。保存至今的机制针整包包装内还有数十根已经生锈的机制针。1904 年 9 月 15 日，商部商标注册局正式对外受理中外商标注册，外商迅速在上海和天津海关商标挂号分局进行商标注册。根据天津市档案馆保留的资料来看，清末世昌洋行在天津海关商标挂号分局注册的商标居多，比如“德皇”“两蛇”“犀牛”“老虎”“莲花”“鹰”等商标。图 26 为光绪三十一年（1905）十月，德国世昌洋行在天津海关商标挂号分局注册的颜料商标，商品类别为 12 类。此商标已经在德国注册。

3. 德商爱礼司洋行商标

爱礼司洋行（上海汉口路德商贸易行），1882 年由爱礼司个人开办，即以姓字为行名，经营进口贸易及代理业务。1906 年前后，美益等入伙，改组为私有合伙商号，华名则有“爱礼司”“美益”两名并称，于天津、青岛、宁波、汉口设分号。第一次世界大战后，该商行一度歇业，1920 年初恢复经营，称“美益”者渐多，经销德、英、意等国进口的呢绒、布匹、金属制品、

图 26　光绪三十一年（1905）十月，德国世昌洋行在天津海关商标挂号分局注册的颜料商标

刀具、毛线、苯胺染料、靛青等。爱礼司洋行曾经使用过万里春牌商标（见图27）、狮马牌肥田粉商标、玉女吹箫牌布匹商标等。

4. 英商怡和洋行商标

怡和洋行是英商四大集团之一，资产占英商在华全部资产的20%以上，在上海共有地产1025亩，占全部英商地产的14%，是进入中国最早的外资企业集团之一。1859年，英商怡和洋行在上海苏州路设机器缫丝厂，于1861年建成，定名为“上海纺丝局”，有缫丝机100部。这是外商在中国开设的第一家缫丝厂，1870年5月停业。1902年，英商怡和洋行在上海杨树浦开设怡和绢丝厂，有纺锭2100枚。这是中国最早的绢丝厂之一，不久因营业不善倒闭，设备卖给日商钟渊纺织株式会社。

怡和洋行在华使用过“双福”、“双童花篮”、“双喜”、“双锚”、“回朝图”（见图28）、“孔雀”等商标。怡和

图27｜图28 图27 清代美益洋行（爱礼司洋行）万里春牌商标图案
图28 20世纪初，英商怡和洋行“回朝图”商标图案

洋行在香港及华南诸埠一度称“渣颠洋行”“渣甸洋行”及“义和洋行”。怡和洋行曾代理数十家欧美厂商，号称“洋行之王”。

四、以重大历史事件为图案的火柴商标

1. 记录洋务运动的火柴商标

1861 年以后，为维护清廷的统治地位，慈禧对洋务派采取了扶植政策。洋务派登上政治舞台后，大规模引进西方先进的科学技术，兴办近代化军事工业和民用企业，中国的近代化运动迅速开展起来。在李鸿章等人的主持下，江南机器制造总局、金陵制造局、福州船政局、天津机器局等一批大型近代化军事工业相继问世。短短几年间，中国就具备了铸铁、炼钢以及机器生产各种军工产品的能力，这为中国早期的纺织机器制造业打下了基础。同时，我国日用品工业生产也应运而生，火柴制造工业在宣传自身商标之际，也结合当时的洋务运动，宣扬爱国自强的思想。如利兴火柴公司的火柴在国内以及东南亚华侨聚集地售卖，因此有一部分火柴老商标出现在泰国等地，如图 29 所示，该商标使用时间为 1898 年前后，商标的背面

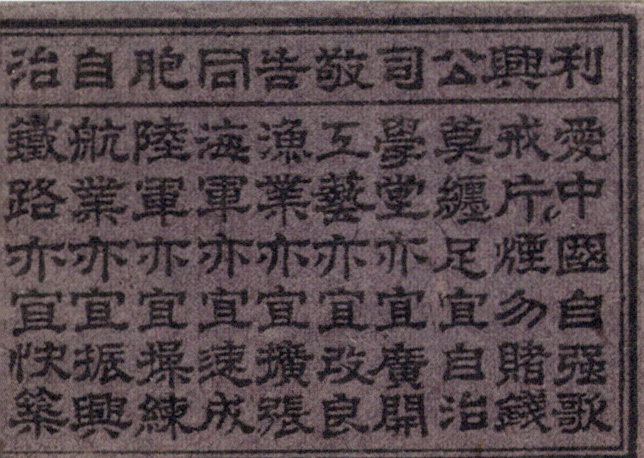

图 29 清代利兴公司火柴商标，左图为辅助背标，右图为正标

写有《爱中国自强歌》，其思想与洋务运动的主旨一致。光绪戊戌年（1898）九月十九日《中国大兴公司号外》上刊登有利兴公司的火柴商标，如图 30 所示，并在商标左右印有“利兴公司，火柴之王”的广告语，号外上的商标图有“龙旗唛”等。

图 30　中国大兴公司号外

2. 有“海军”标记的火柴商标

1875 年，李鸿章奉命创建北洋水师。北洋水师是中国清代后期建立的一支近代化海军舰队，同时也是清政府建立的四支近代海军中实力最强、规模最大的一支。在中日甲午战争中，北洋舰队全军覆没。尽管北洋海军失败了，但它曾经是中国可以威慑他国的先进军事力量，在世界海军史上占据一席之地，并在北洋海军的组建过程中，带动了一系列与近代海事相关的工业发展。如图 31 所示，该海军火柴商标图案左侧头像为北洋水师提督丁汝昌，右侧头像是英国海军军官北洋水师的总教习琅威理。这枚商标是在中日甲午战争后出现的，虽然北洋海军以失败告终，但“海军”商标告诉国人勿忘国耻，汲取历史教训，升华爱国之情，坚定强国之志。不论是过去还是现在，这枚海

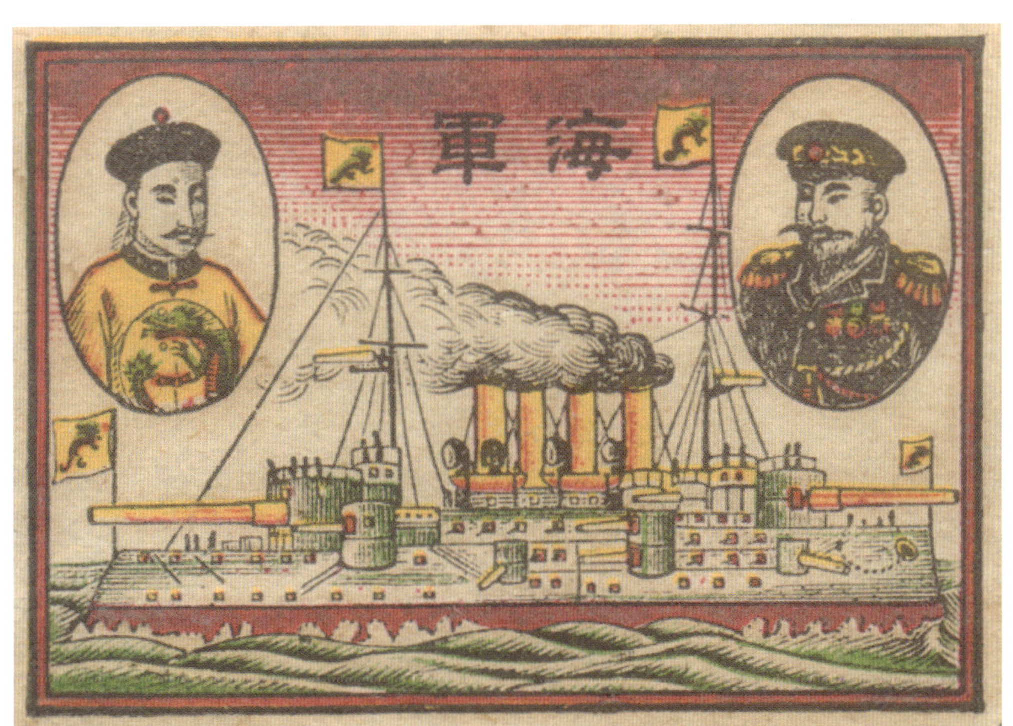

图31　清代“海军”火柴商标图案

军火柴商标都在警示我们，在中国的蓝色大海上一定要有自己的舰队，以保卫我们自己的家园。

3. 记录戊戌变法的火柴商标

1898年6月11日至9月21日，以康有为、梁启超为主要领导人的资产阶级改良主义者借助光绪帝的支持掀起了学习西方，提倡科学文化，改革政治、教育制度，发展农、工、商业等的改良运动，但因遭到以慈禧太后为首的守旧派的强烈抵制和反对，历时103天的戊戌变法终归失败。因此，戊戌变法也叫“百日维新”。

戊戌变法不仅是中国近代史上一次重要的改良运动，也是一次思想启蒙运动，促进了思想解放，对推动我国社会进步和思想文化的发展，促进中国近代社会的进步发挥了重要作用。

如图32所示，这枚清代利兴公司“维新改良”火柴商标由“梅”“兰”“菊”“竹”四童子组成，四童子手中分持“地方自治”“法律改良”“海陆军部”“宪政大全”四书，与维新变法、富国强民的改良主张相呼应。

4. 记录清末立宪活动的火柴商标

清末立宪，是指洋务运动、戊戌变法之后，清末的第三次大型改革，时间跨度为1905—1911年，目的在于使清朝成为君主立宪制国家。早在1858年清政府礼部将三角龙旗定为国旗，1888年又将三角龙旗改成四边形龙旗，并正式赋予“国旗”的称号。图33所示的这枚火柴商

图32
图33

图32 清代利兴公司“维新改良”火柴商标图案
图33 清末“欢迎立宪”火柴商标，使用时间为1905—1912年

标上的旗帜为四边形的龙旗，正中大书“欢迎立宪”四字，可以推断该商标的使用时间在1905年后。

五、荣氏家族企业商标

荣氏企业是荣宗敬、荣德生兄弟创办的，主要企业有茂新面粉公司、福新面粉公司和申新纺织公司。在中国民族资本发展的道路上，荣氏家族在面粉行业以及棉纺业有着举足轻重的地位，使用和注册的商标也是企业界数量最多的。

荣氏兄弟的父亲荣熙泰是无锡西乡荣巷人，曾在乌镇一家冶坊做账房，荣氏兄弟的母亲是无锡山北石巷人。1896年，当时盛行开设钱庄，荣德生与父亲一起商定创办广生钱庄，并召集其他合伙人，地点定在上海。广生钱庄在无锡设立了分庄，由于最初经营状况不好，另外几个合伙股东不愿再做，退出了股本，因此1898年后，广生钱庄由荣家独资经营。

裕大祥是一家贸易字号，创办人是茂生洋行买办张麟魁，主要股东是怡和洋行买办荣瑞馨、西门子洋行买办叶慎斋、横滨正金银行买办叶敏斋。1905年，荣宗敬为了便于以后开展业务，也入股成为裕大祥股东。

自1903年荣氏创办了茂新面粉公司开始至中华人民共和国成立，荣氏家族在全国一共创办了近三十家企业，荣氏企业的商标也走过了清末民初的发展历程，荣氏企业成为商标注册的先锋。

虽说《茂新福新面粉公司商标一览》（见图34）只记录了荣氏企业注册商标的一部分（不包含纺织、印染类商

图34 《茂新福新面粉公司商标一览》封面

标），但涵盖了荣氏企业有关面粉的全部商标，其完整性弥足珍贵。

1. 茂新面粉公司

1900年，八国联军侵华，农业生产遭到严重破坏，北方粮荒，上海、无锡等地的粮食源源不断地往北运送，尤以面粉行业最为盛行。当时，广生钱庄业务非常顺畅，盈余丰厚，这为荣氏兄弟创办茂新面粉公司带来了机遇。

茂新面粉公司前身是保兴面粉厂。1900年，荣氏兄弟依靠官僚朱仲甫的支持开始创办保兴面粉厂，于1901年正式招股，选址江苏无锡西门太保敦，股东朱大兴、伍永茂等人取厂名保兴。保兴面粉厂建造过程遇到了地方势力的阻挠，直到1902年3月17日，保兴面粉厂才得以建成投产。保兴面粉厂大部分股份是朱仲甫的，由于清政府规定官吏不能兼营商业，所以企业负责人不是朱仲甫，而是荣宗敬，他负责内部经营，荣德生负责上海广生钱庄和保兴面粉厂的对外业务。保兴面粉厂的机制面粉在无锡市场首次出现，虽然机制面粉比土制面粉质优价廉，但很多人不愿意食用，说机制面粉没营养，不容易消化，致使保兴面粉厂面粉滞销。朱仲甫见营业情况不好，退出股份。1903年，保兴面粉厂更名为茂新面粉公司，总董事张石君（德商禅臣洋行买办），副董事荣瑞馨，批发经理荣宗敬，厂经理荣德生。1905年，荣德生以分期付款的方式向怡和洋行订购了英国机器，辅机由自己仿制，并改造了厂房，这使面粉日产量增加了一倍半。同年底，茂新面粉公司的资产总额已达八万多银两。1910年，茂新面粉公司向清政府申请注册了“兵船”商标（见图35），1912年，茂新“兵船”牌子甚佳，其产品价格已经超过阜丰名牌“老车”了。

接下来的几年里，茂新组建了二厂和三厂。1916年，无锡惠元面粉厂经营不下去，租赁给茂新面粉公司，租期两年，期满后无锡惠元厂权转移，更名茂新二厂，茂新二厂使用“兵船”和“渔翁”商标。随着茂新逐渐发展扩大，除面粉之外，茂新决定添置苞米粉厂，1916—1917年，茂新三厂创办，附属二厂，不添本。荣氏家族自1913年租

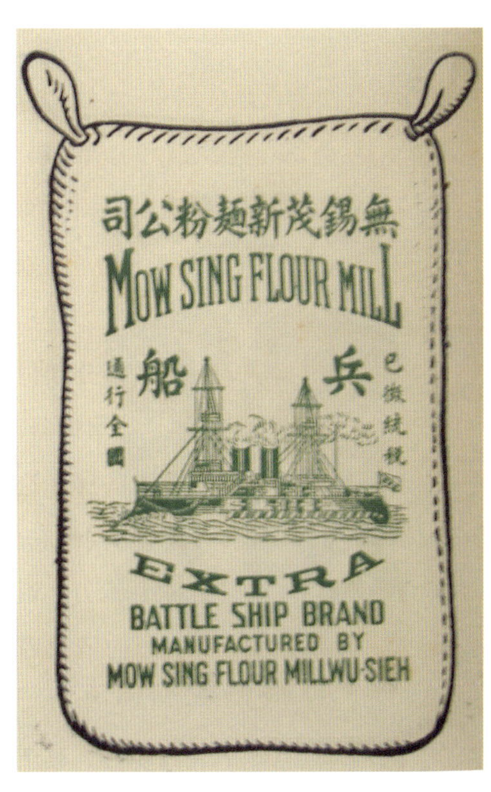

图 35 无锡茂新面粉公司兵船商标

用中兴面粉厂，中兴的“日月牌”商标使用权也归属荣氏家族。

茂新四厂有两个：其一是1917年茂新将租用的无锡宝新面粉厂改称的茂新四厂；其二是1919年荣氏在山东济南投资兴建的茂新四厂，当时山东民间流传着“铁道北，三大家，茂新、美孚、亚细亚”的顺口溜。四厂商标除了沿用中兴的日月牌外，还通用二厂的渔翁牌。

2. 振新纺织股份有限公司

甲午战争的失败彻底打破了国人的自信，在惨痛的事实面前，“救亡”成为一切爱国者心中最响亮、最有吸引力的口号。特别是日俄战争，它更强烈地刺激着国人的神经。日俄为争夺朝鲜以及我国东北地区发生严重冲突，最终却在中国土地上爆发战争，交战国虽为日俄，但饱受战争之苦的是中国民众。清政府无力制止日俄在中国国土上交战，还声称保持中立。日俄战争使国人觉醒，民间纷纷兴办企业，以实业救国。在纺织方面，1905年，上海振华厂、常熟裕泰厂、宁波和丰纱厂、太仓济泰纱厂等纷纷成立。是年，张石君、叶慎斋、鲍咸昌（大丰布号股东）、徐子仪（宝康当铺老板）、余氏兄弟、荣瑞馨等七人意在无锡开办纱厂，取名无锡振新纺织股份有限公司。1907年，由于经营不善，无锡振新纺织股份有限公司董事会聘任荣德生为经理。几经波折，1913年，无锡振新纺织股份有限公司添置新设备，降低成本，扭亏为盈，使用的商标有“富贵团鹤”“晨鸡”“同利”（见图 36、图 37、图 38）。

3. 福新面粉公司

福新面粉公司是荣宗敬、荣德生、王禹卿、王尧臣、浦文汀和浦文渭在

图 36　1928 年 11 月，无锡振新纺织股份有限公司注册“富贵团鹤”商标，商品类别为 27 类棉纱，商标审定号为 1204

图 37 | 图 38　图 37　1928 年 11 月，无锡振新纺织股份有限公司注册“晨鸡”商标，商标审定号为 1962

图 38　1928 年 11 月，无锡振新纺织股份有限公司注册“同利”商标，商品类别为 27 类棉纱，商标审定号为 1205

上海联合创办的，地址在闸北光复路，1913 年注册并开业。当时兵船牌面粉早已著名，福新面粉公司创办后，因为与茂新面粉公司是兄弟公司，都由荣宗敬一手主持，所以福新也用兵船商标，这是福新面粉公司的有利条件，该公司开业几个月间就赚了四万余元。福新面粉公司使用的商标，不论是数量还是品种，在荣氏企业商标中都是最多的，其使用的商标有“双龙”“宝星”“财神”“花园牌”“A 字牌”“刘海”“鹿桃”“福新”“康健”“四季吉祥”“火车”“汽车”“盾牌”“绿十字牌”“杨梅噻”等（见图 39 ～ 图 64）。

图 39	图 40	图 41
图 42	图 43	图 44
图 45	图 46	图 47

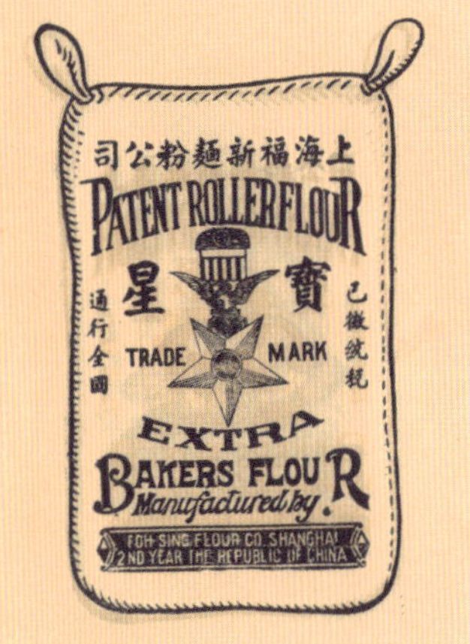

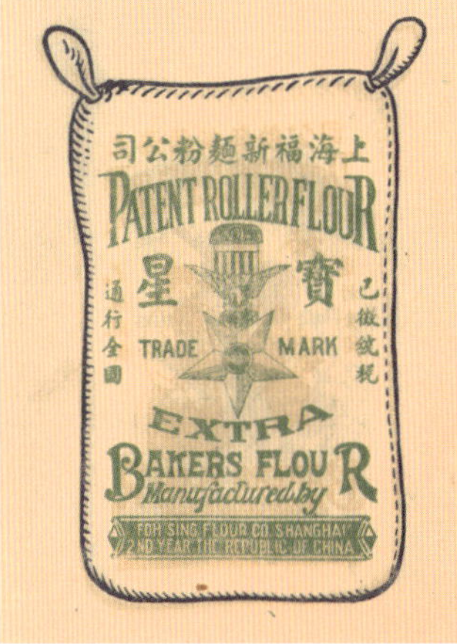

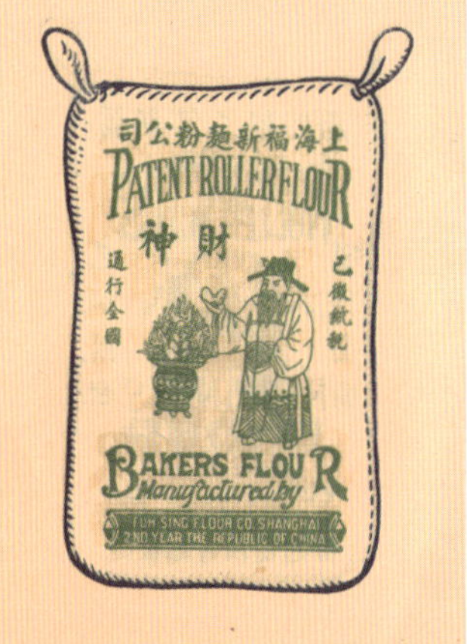

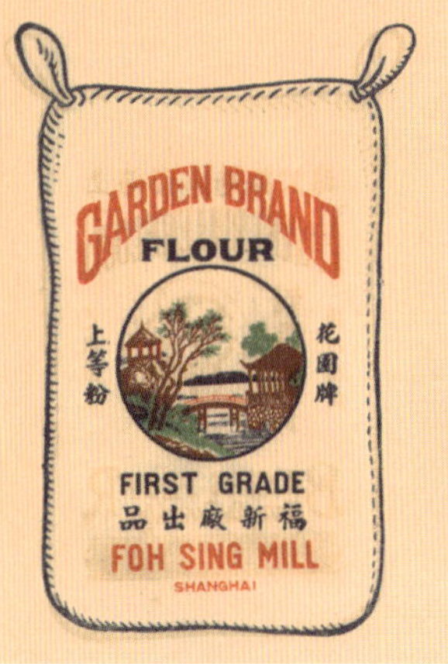

图 48	图 49	图 50
图 51	图 52	图 53
图 54	图 55	图 56

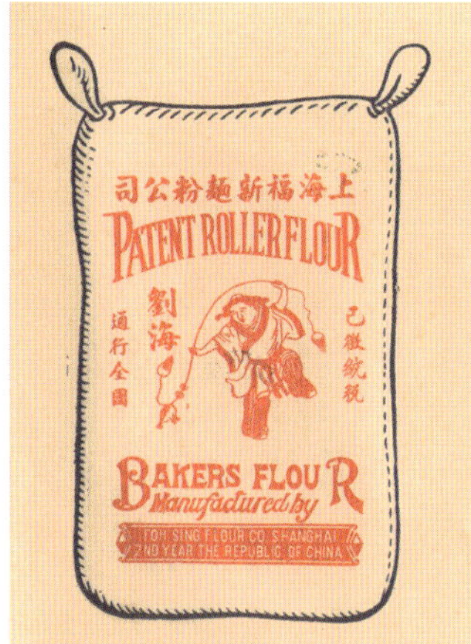

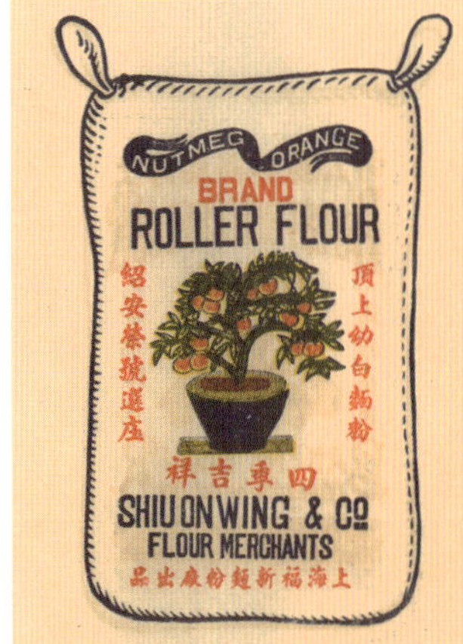

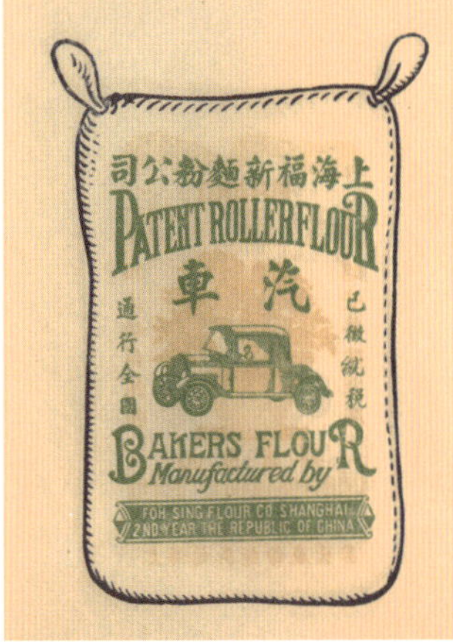

图 57	图 58	图 59
图 60	图 61	图 62
图 63	图 64	

图 39～图 64　福新面粉公司注册商标

福新二厂，创办于 1913 年冬天，初创时期，占地 17 亩，资金定为 10 万元，雇有职员 28 人、工人 106 人。第二年底正式开工，每日出粉 5500 包。1919 年 7 月，该厂因机房走电被焚。同年 9 月在原地重建八层钢骨水泥厂房，于次年 11 月恢复生产，资金增为 60 万元，每日可出粉 14000 包。1933 年，账面资金增为 100 万元，福新二厂使用“蝠寿”商标（见图 65 ~ 图 67）。

1914 年 6 月，筹办福新三厂，1916 年 6 月正式生产，雇有职员 20 人、工人 80 人，使用“宝星”“蝠寿”商标。该厂的股东依然是福新面粉公司的荣家、浦家、王家。

福新三厂的办公楼由荣氏家族始建于 1916 年，为欧洲古典建筑样式，位于苏州河北岸光复西路 145 号，迄今有一百多年历史，曾被称为“上海民族工业起源和发展的标本”。中华人民共和国成立后，该建筑曾作为上粮一站的仓库，现仅存临河建筑的主体部分。建筑主体为三层砖混结构，面阔七间，进深四间，两翼为二层砖

图 65 | 图 66 | 图 67　图 65 ~ 图 67　福新二厂“蝠寿”绿、红、蓝三种注册商标

木结构的仓库，主立面二楼有小型阳台，有雕花铁艺栏杆，三楼外廊有四根立柱，顶部为三角形山墙，背立面二、三层有外凸阳台，窗框具有现代风格装饰。由于年久失修，再加上内部结构改变较为严重，除二层至三层木质楼梯尚存、平顶走马线基本完整之外，其余均遭破坏。后因光复西路道路拓宽之需，按规划该建筑需往西北方向平移55米，施工规模仅次于当年的上海音乐厅平移，平移后将在恢复外观原貌的基础上，改变原有功能进行商业运作。

1915年，买下中兴面粉厂后，改称福新四厂。

1916年，在汉口创设福新五厂，1919年10月正式开机营业，其使用的商标为“牡丹”（见图68 ~ 图70）。

1917年3月，荣氏租下上海华兴面粉厂，并在1919年作价正式买进，改称福新六厂，查仲康为经理。

1919年，开办福新七厂，地址在西苏州河大通路口，占地30亩，资本定为30万元，但实际兴建厂房和购买

图68 | 图69 | 图70　图68 ~ 图70　福新五厂使用的“牡丹”红、绿、红绿双色三种注册商标

机器开支了 160 余万元。该厂有职员 37 人、工人 242 人。商标有“兵船”“天竹”“牡丹”“福寿”“渔翁”等（见图 71 ~ 图 75）。福新八厂和福新七厂同时筹办，1921 年 6 月正式开工，商标与二厂相同。

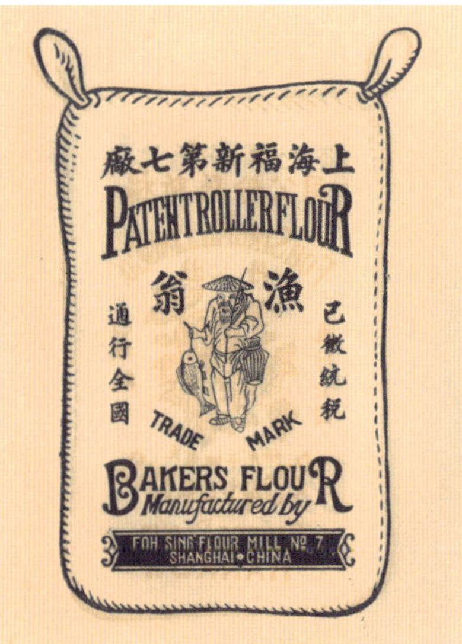

图 71 | 图 72 | 图 73
图 74 | 图 75

图 71 ~ 图 75　福新七厂部分注册商标

4. 申新纺织公司

1915 年，荣宗敬、荣德生兄弟集资 30 万银元，在上海创办申新纺织公司，其使用的商标有“得利图”（见图 76）、“采花图”（见图 77）、“童子军”（见图 78）、“金钟”（见图 79）、“宝塔”（见图 80、图 81）等。申新纺织公司高度集权，便于荣氏管理。1917

图 76 | 图 77
图 78

图 76　上海申新纺织公司“得利图”商标
图 77　上海申新纺织公司“采花图”商标
图 78　上海申新纺织公司“童子军”商标

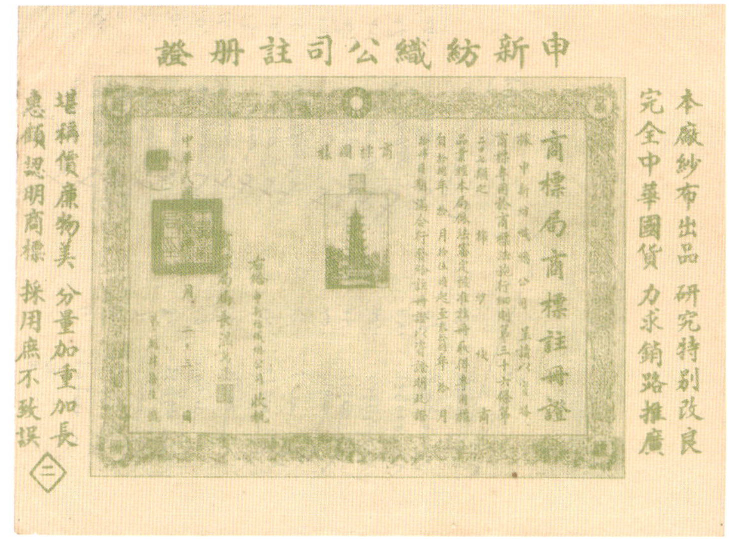

申新紡織公司註册證

本廠紗布出品 研究特别改良
完全中華國貨 力求銷路推廣

商標局商標註册證

商標圖樣

堪稱價廉物美 分量加重加長
惠顧認明商標 採用庶不致誤

(二)

图 79 | 图 80
图 81

图 79 上海申新纺织公司“金钟”商标

图 80、图 81 1929 年，上海申新纺织公司“宝塔”商标以及“宝塔”商标注册证影印件

年，上海恒昌源有出售之意，此时的申新纺织公司获利颇多，正有扩展之意，荣德生就在无锡茂新厂附近购地，收购恒昌源，对外仍用恒昌源名称，到1919年3月，正式转移产权，对外改称申新二厂，二厂使用的商标有“龙船牌”“童子军”等（见图82、图83）。

1917年，荣家有意在无锡西门茂新厂附近建申新三厂，1921年，申新三厂正式生产，出纱甚好，使用“四平莲”商标（见图84）。

图82 | 图83　图82　申新二厂“龙船牌”商标
图83　申新二厂“童子军”商标

1921年，荣氏兄弟集股在汉口创办申新四厂。同年8月，厂房竣工，1922年2月开始生产，四厂也使用“四平莲”商标。20世纪30年代末，迫于战争局势，为了躲避战乱，申新四厂内迁，在重庆和陕西宝鸡设立分厂，重庆分厂使用“忠孝图”商标（见图85）。1941年夏，申新四厂于成都开始兴建分厂，成都分厂使用“蓉华”商标。

德大纱厂（1914年穆藕初创办）由于欠债被申新购得，定为申新五厂，

图84 | 图85 图84 申新三厂“四平莲”商标

图85 申新四厂重庆分厂“忠孝图”商标

和二厂共同使用“天女散花”商标（见图 86）。

江苏常州纱厂创办于 1920 年 3 月，地址在武进县小南门外。订购机械时，正值纱业鼎盛之时，故造价成本急剧上升，等到竣工开业时，纱市一落千丈，因资金周转困难，遂告停业。1925 年夏天，申新总经理与该厂协商，出资 15 万银元租办，创办申新六厂，使用“双喜”（见图 87）、“多福多寿”、“千丈崖”等商标。

1929 年，为了扩张纱厂，荣宗敬

图 86 | 图 87　图 86　申新五厂“天女散花”商标
图 87　申新六厂“双喜”商标

从汇丰银行借款200万银元，将一家英商上海东方纱厂吞并，更名为申新七厂，使用“金双鸡”商标（见图88）。1934年底，借款的契约到期。由于七厂亏损严重，荣宗敬无力还款，他希望汇丰银行能够将贷款转期，条件是将申新七厂全部财产作为抵押。但汇丰银行却不顾中国法律和其他债权人的利益，竟然单方面组织拍卖会，当时申新七厂的总资产在500万银元以上，结果申新七厂被日本律师村上以250万银元拍得。消息传回厂内，一时舆论哗然。当时申新的管理人员和技术人员多是荣宗敬的老乡，对企业有着很强的认同感。他们将厂子里面的机器拆下，甚至组织护厂队，阻止日本人来接收。同时，荣宗敬将汇丰银行低价拍卖申新七厂给日本人的消息对外公布，诉诸民意。社会舆论纷纷声援，要求市民抵制汇丰银行。当时的全国国货厂商联合会还因此发出呼吁，要求全国国货厂商不要再与汇丰银行发生金融往来，以抗议汇丰银行无视中国法律和国货厂商利益的行为。迫于舆论压力，汇丰银行取消拍卖，并允许荣宗敬将贷款转期，申新七厂终于得以

图88 申新七厂“金双鸡”商标

保全。同年，为生产细支棉纱，兴建4万新锭的申新八厂。

1931年，荣氏家族收购了三新纱厂（原上海机器织布局，1878年由李鸿章主持筹建，1913年改名为三新纱厂），组建了申新九厂。同时把三新纱厂原来的“金马”商标改为“金双马”商标（见图89），从颜色上区分，有红、黄、蓝、紫、绿、金、红蓝、黄蓝、绿蓝九种商标。

至1932年，申新纺织公司在上海、无锡、常州、汉口等地一共拥有9个厂，成为民族资本中规模最大、发展最快的纺织企业集团。申新纺织公司成功经营的因素很多，但扩充设备形成规模效应、塑造品牌、技术创新是申新得以

图89 1932年5月，申新九厂“金双马”注册商标，商标注册证号为9086

发展的重要因素。申新纺织公司生产的“四平莲”“金钟”“宝塔”等商标的 23 个棉纱产品中，16 支棉纱产品因其产量高、质量好、销路广，还打入国际市场，销往东南亚和日本等地，这在当时我国民族棉纺织行业中也是很少见的。早在 1921 年，申新纺织公司的棉纱被全国棉纱同业公会一致推选为唯一的标准交易纱。“申新棉纱”成为优质国货的代名词，1940 年被上海棉纱交易所评为“标准纱”，当时上海流传着：一两黄金，换一锭“金双马”棉纱。1945 年，九种“金双马”商标改为六种。1985 年，“金双马”商标被纺织工业部评为金奖。

从近代开始，荣宗敬和荣德生兄弟创办的企业成为中国民族企业的前驱，荣氏企业靠实业兴国、护国、荣国，对中国经济的发展作出了巨大贡献，在中国乃至世界写下了一段辉煌的历史。

六、中华老字号商标

说到中华老字号商标，就要涉及商标、品牌和老字号三个概念。商标，是指商品生产者或经营者为使自己的商品在市场上同其他商品生产者或经营者的商品相区别，而使用于商品或其包装上的，由文字、图案或文字和图案的组合所构成的一种标记。品牌，是一种名称、术语、标记、符号或图案，或是它们的相互组合，用来识别和区分其组织及其产品或服务，并通过其产品或服务所提供的一切利益关系、情感关系和社会关系的综合体验的总和。老字号，通常指一个企业的商号、店铺的招牌，是产品或服务外在的标志，是企业经营风格乃至文化底蕴的一种象征。

商标是一个法定概念，其作为产品的标记，具有独占性，是静态的。品牌是一个市场概念，其差异化个性通过市场来验证，是动态和静态的混合体。老字号是企业的标记，用老字号的标识注册成商标或者用老字号一直使用的产品标记注册成商标，就是老字号商标。商标、品牌、老字号三者适用范围也有区别，商标和老字号有国界，品牌无国界；商标包含老字号商标，有使用期限，但品牌和老字号没有使用时间的限制，它们由市场来检验其生命的长短。

自 2006 年起，商务部对“中华老字号”给予了正式定义：历史悠久，拥有世代传承的产品、技艺或服务，具有鲜明的中华民族传统文化背景和深厚的文化底蕴，取得社会广泛认同，形成良好信誉的品牌。

中华老字号是中华民族弥足珍贵的文化遗产，是中华民族千百年积累起来的自主品牌，是不可复制的宝贵资源，具有不可多得的文化与商业双重价值。中华老字号浓缩了我们民族的秘传技艺、社会伦理、品牌理念和商业智慧，传承着中华民族的文化基因。中华老字号浸润着中华民族几千年商业文明的历史走向，也是我们珍贵的历史记忆，我们城市的历史和人生的经历，无不与老字号的故事息息相关。今天，中华老字号还承载着实现中华民族伟大复兴中国梦的历史任务。重塑中华老字号，恢复老字号商标的使用，让现有的中华老字号商标得以生存、发展和延续，让曾经辉煌的老字号商标得以重现。

1. 张小泉剪刀（1663 年至今）

张小泉剪刀的创始人张思家，是安徽黟县人。张家历代以打磨剪刀为业。张思家最初在黟县开“张大隆剪刀店”，1628 年清兵侵扰，张家逃到杭州，在杭州开设“张大隆剪刀铺”。1663 年，传到他儿子张小泉时，改成“张小泉剪刀店”。由于生意兴隆，仿冒者甚多，到处都用“张小泉”这个牌号，为保护自身利益，张小泉儿子张近高在“张小泉”品牌后面加上“近记”两字，视为正宗，将“张小泉剪刀店”改成“张小泉近记”。1909 年，张氏第六代传人张永年首次将“海云浴日”作为产品商标和图样送至县衙门，请求转至清政府的农商部登记备案。张永年之子张祖盈在产品的包装上还使用了“张小泉近记剪号”店招（见图 90）。“海云浴日”商标中的“泉近”取自“张小泉近记剪号”中的两个字。

1910 年，张小泉剪刀在南洋第一次劝业会上获得银奖；1913 年，在国货博览会上荣获二等奖；1915 年，在美国旧

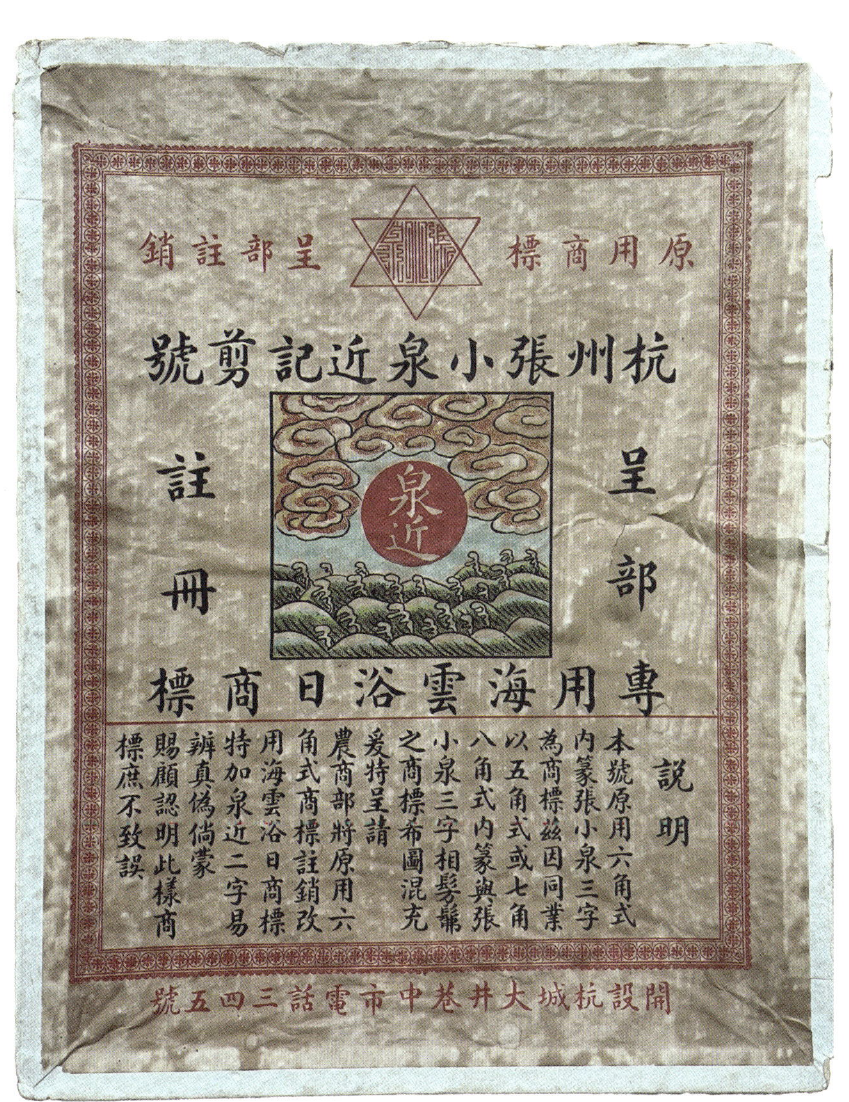

图 90　图上方为“张小泉”原用商标，以及说明“原用商标，呈部注销”，其下是变更后的“海云浴日”商标。北洋政府《商标法》推出后，1924 年 9 月，张小泉近记剪刀铺将海云浴日图注册为商标，商标注册证号为 1087（乙），呈请人是浙江杭县人张祖盈，商品类别为第 8 类剪刀

金山巴拿马万国博览会上获得四等奖；1926 年，在美国费城世界博览会上荣获银奖。中华人民共和国成立后，在全国历次剪刀评比中，“张小泉”剪刀均获得第一名。“张小泉”既是中华老字号，也是中国驰名商标。

2. 同仁堂（1669 年至今）

同仁堂乐家老铺创建于清康熙八年（1669），创始人是乐显扬，号育尊。乐育尊祖上原籍浙江宁波，明朝永乐年间迁往北京，以摇铃走街串巷行医卖药为生。乐育尊之子乐凤鸣继承父志，在北京前门外大栅栏路南开设了同仁堂药铺（见图 91）。在三百多年的历史长河

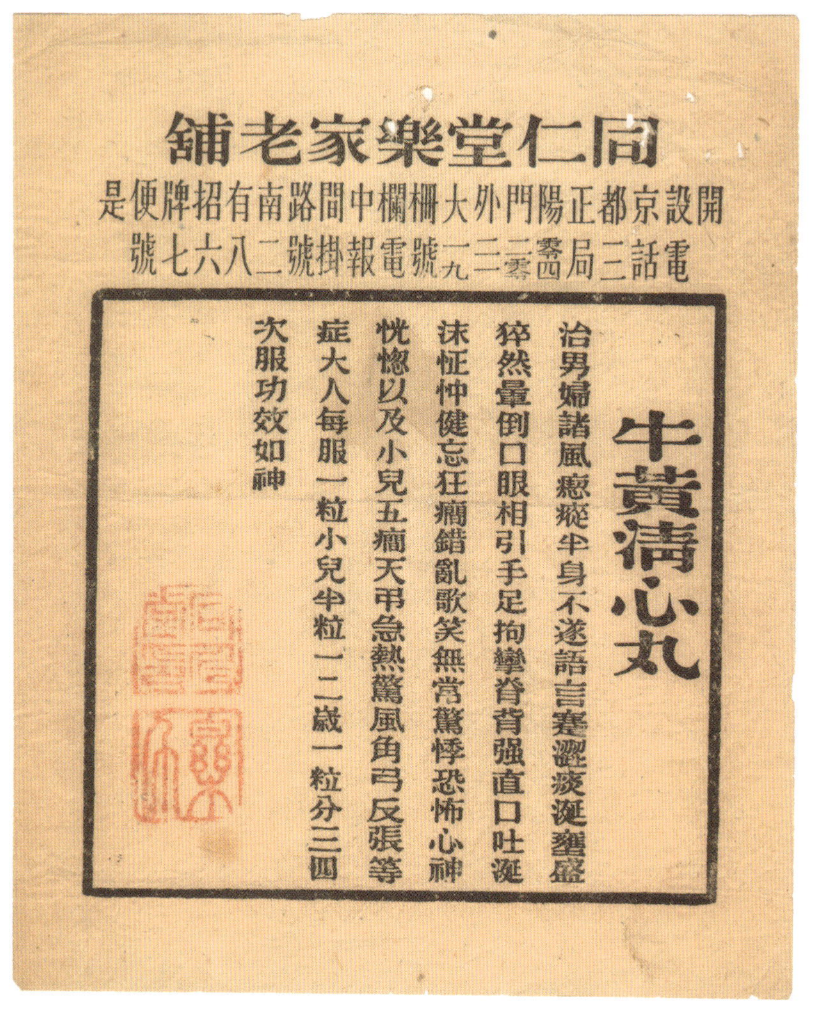

图 91　中华老字号北京同仁堂乐家老铺“牛黄清心丸”广告招贴

中，历代同仁堂人恪守“炮制虽繁必不敢省人工，品味虽贵必不敢减物力”的古训，树立“修合无人见，存心有天知”的自律意识，确保了同仁堂金字招牌的长盛不衰。自雍正元年（1723），同仁堂正式供奉清皇宫御药房用药，历经八代皇帝188年。期间1753年，同仁堂不慎失火，药铺和药品几乎全被焚毁，同仁堂所欠官银无力偿还，之后同仁堂由他姓商人承办，几经变故，外股日多，同仁堂成为合股经营企业。

1843年，同仁堂经过招商典让和外股集资经营了90年后，乐印川终于恢复祖业，收回了同仁堂。1907年后，同仁堂由乐印川的后人四房共管，规定每年从同仁堂提四万两银子平分给四大房，此外不再分红；各房可用乐家老铺招牌在各地开分号，但不准用共有的同仁堂字号。此后，由同仁堂衍生的乐家老铺遍及全国，共34家，包括大房的宏济堂、乐仁堂、宏仁堂，二房的永仁堂、怀仁堂、沛仁堂，三房的济仁堂、乐舜记、宏德堂，四房的达仁堂和树仁堂。这一时期四大房基本各自为政。

1931年，四大房中曾任北京警察厅督察长的乐达义卸职在家，出面管理同仁堂，实行了四大房共管制度。抗战时期，日军曾想染指同仁堂，乐达义为了保持民族气节，采用各种办法推脱，拒绝为日本人做事。

抗战胜利后，同仁堂遭到国民政府的巧取豪夺，无法维持正常经营，只能勉强度日。1955年，同仁堂实现公私合营。1992年8月成立了北京同仁堂集团公司。同仁堂从最初的摇铃卖药到北京同仁堂集团公司的发展壮大，其所有制形式、企业性质、管理方式也都发生了根本性的变化，但同仁堂历经数代而不衰，在海内外信誉卓著，树起了一块金字招牌，真可谓药业史上的一大奇迹。

3. 雷允上诵芬堂

雷大升（1686—1779），字允上，号南山，自幼读书习医，清康熙五十四年（1715）弃儒从医。雍正十二年（1734），雷大升在苏州始创雷允上药业，开设雷允上诵芬堂老药铺。1864年，以六味名贵中药配制，可使六神皆安的六神丸问世（见图 92）。雷允上作为老字号集团的总号，下设有诵芬堂、王鸿翥、沐泰山、同仁寿等字号。多年以后，同仁寿老字号消失。

20 世纪二三十年代，诸多社会名流政要长期受用雷允上名药，感其疗效卓著，先后挥毫题词、赠匾，盛赞有加，时有“北有同仁堂、南有雷允上”之说。1925 年 1 月 31 日，雷允上诵芬堂药铺将九芝图注册商标，商标注册号为 2249

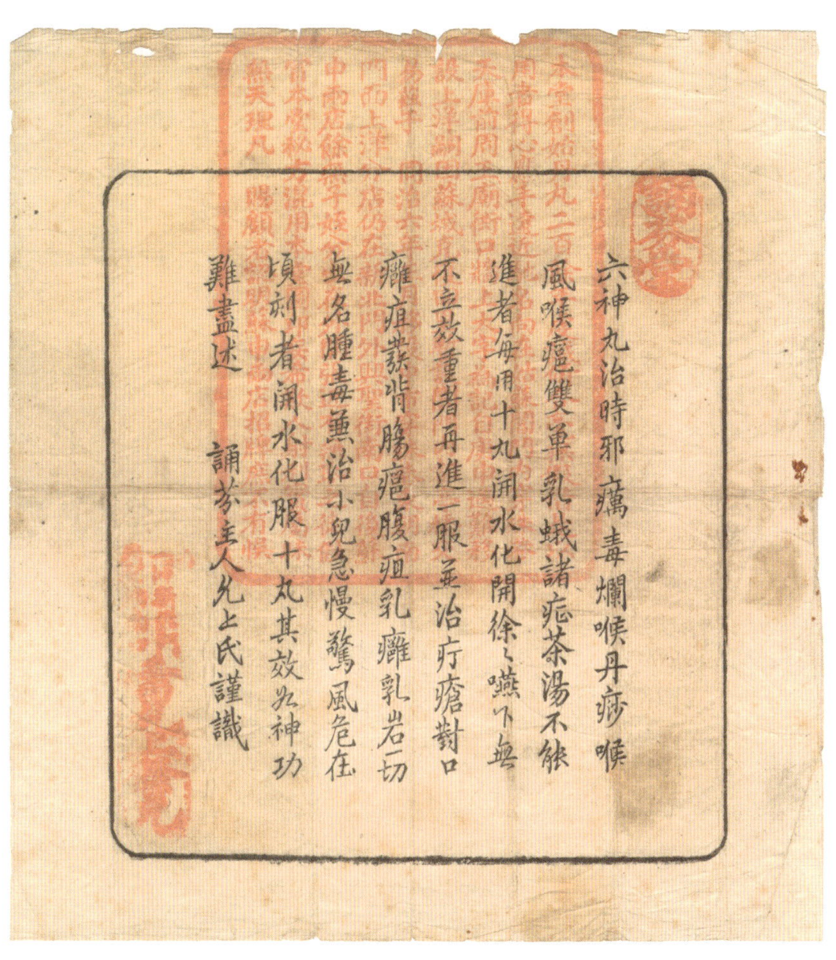

图 92　中华老字号苏州雷允上诵芬堂六神丸广告招贴

（甲），呈请人雷文衍，总号苏州阊门西中市，分号上海新北门外兴圣街口。

目前，雷允上药业集团公司使用的商标有“雷允上”“雷允上1734”“六神”“九芝图”等。

4. 稻香村

清乾隆三十八年（1773），稻香村糕点店在苏州观前街开业。据史料记载，乾隆皇帝下江南，于苏州品食稻香村糕点后，赞叹“食中隽品，美味不可多得”，并当即御题“稻香村”匾额，“稻香村”从此名扬天下。在清代、民国老商标里，我们可以看到上海仁记稻香村（见图93）、北京稻香村（见图94）、

图93 | 图94　图93　上海仁记稻香村招贴
图94　北京稻香村招贴

天津明记稻香村（见图 95）、烟台稻香村（见图 96）等不同版本的图案，苏州稻香村使用“稻香村”以及单禾商标（见图 97），另有龙口稻香村（见图 98）、姑苏观东真老稻香村（见图 99）、天津法租界老稻香村南货号（见图 100）等招贴。

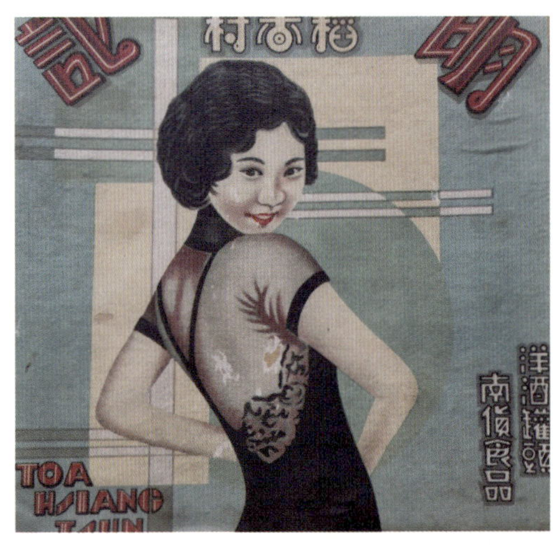

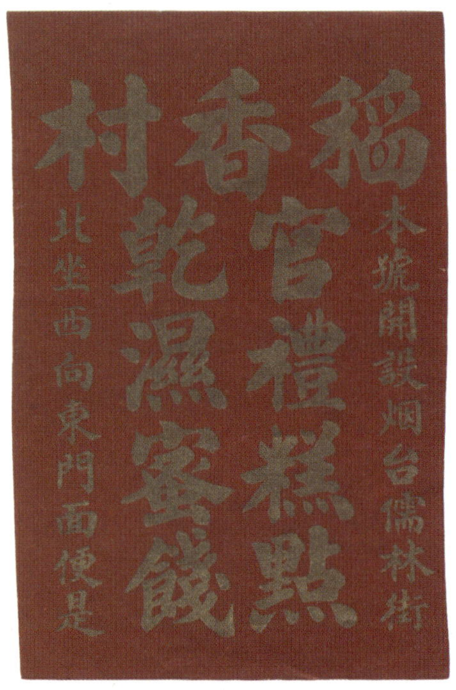

图 95 天津明记稻香村招贴

图 96 烟台稻香村招贴

图 97 民国时期苏州稻香村单禾商标

图 98 | 图 100
图 99

图 98　龙口稻香村招贴

图 99　姑苏观东真老稻香村号招贴

图 100　天津法租界老稻香村南货号招贴

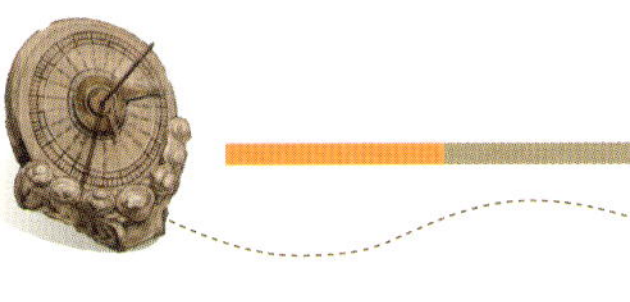

1919—1949

一、商标注册证与审定书

商标注册证和审定书对于研究商标的来龙去脉是珍贵的一手资料。据不完全统计，至今有三万余张 1904—1923 年的商标备案资料（包括商标注册证和审定书）保存在天津和南京的档案馆里，1923 年后由于商标注册证和审定书大多散落民间或者遗失海外，大众能见到的商标注册证少之又少。

1. 英美烟草公司 1939 年在华注册的五华牌商标注册证

1902 年，美国烟草公司和英国帝国烟草公司共同投资组成英美烟草公司，总公司设在伦敦，分支机构遍布欧、美、澳、非、亚洲等地。1919 年设驻华英美烟草公司总部，先后在天津、青岛、香港、上海、汉口、沈阳等地设卷烟厂。1937 年英美烟草公司香烟产量占当时全国卷烟总产量的 70% 以上。如图 101

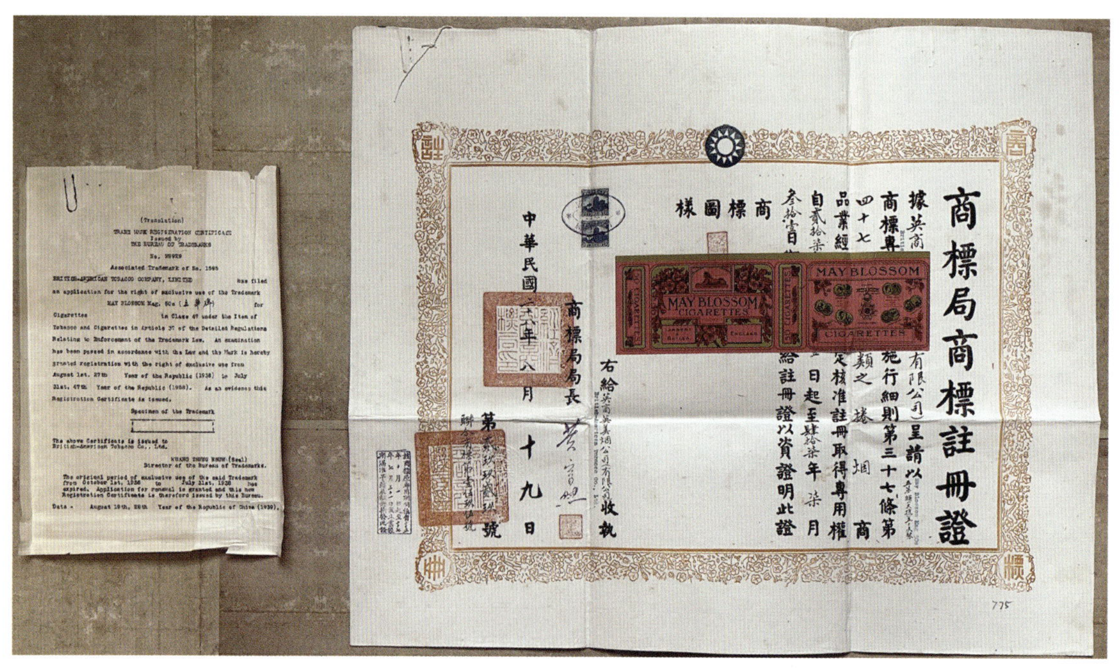

(Translation)
TRADE MARK REGISTRATION CERTIFICATE
Issued by
THE BUREAU OF TRADEMARKS
No. 29929
Associated Trademark of No. 1595

BRITISH-AMERICAN TOBACCO COMPANY, LIMITED has filed an application for the right of exclusive use of the Trademark MAY BLOSSOM Mag. 50s (五華牌) for Cigarettes in Class 47 under the Item of Tobacco and Cigarettes in Article 37 of the Detailed Regulations Relating to Enforcement of the Trademark Law. An examination has been passed in accordance with the Law and the Mark is hereby granted registration with the right of exclusive use from August 1st, 27th Year of the Republic (1938) to July 31st, 47th Year of the Republic (1958). As an evidence this Registration Certificate is issued.

Specimen of the Trademark

The above Certificate is issued to British-American Tobacco Co., Ltd.

[illegible] (Seal)
Director of the Bureau of Trademarks.

The original period of exclusive use of the said Trademark from October 1st, 1936 to July 31st, 1938 has expired. Application for renewal is granted and this new Registration Certificate is therefore issued by this Bureau.

Date - August 19th, 28th Year of the Republic of China (1939).

商標局商標註冊證

據英商[illegible]有限公司呈請以[illegible]商標專[illegible]施行細則第三十七條第四十七[illegible]類之捲烟商品業經[illegible]定核准註冊取得專用權自貳拾柒[illegible]日起至肆拾柒年柒月參拾壹日[illegible]給註冊證以資證明此證

商標圖樣

右給英商英美烟公司有限公司收執

商標局局長

中華民國二十八年八月十九日

第貳玖玖貳玖號

图 101　1939 年英美烟草公司五华牌商标注册证，注册证号为 29929，联合商标第 1595 号

所示，此商标注册证即为英美烟草公司 1939 年在华注册的五华牌商标注册证。

2. 华丰染织厂股份两合公司“美亭蓝”商标的审定书

华丰染织股份公司是强锡麟创办的，他 19 岁进入无锡丽新纺织厂当实习生，几年后被派到该厂的上海批发所担任推销员。1928 年，25 岁的强锡麟决心辞去工作，自己创业。他凭借自身的勤奋和对行业的熟悉，很快就获得了丰厚的利润。一年后，他的华丰厂布批发所建立起来。后来，华丰厂布批发所渐渐成长为华丰染织厂股份两合公司，从最初经营的色织布以及购入白坯布委托其他染厂代为加工，到自设华丰织布厂和光明染厂，强锡麟注册了许多商标，如“美亭蓝”（见图 102）、“学生”等，并用这些商标宣传、出售产品；他还将一些商标租给其他企业，坐享分成。其中“美亭蓝”布因经久耐用、不褪色而成为热销产品。

1947 年，强锡麟注册了“桃花扇”

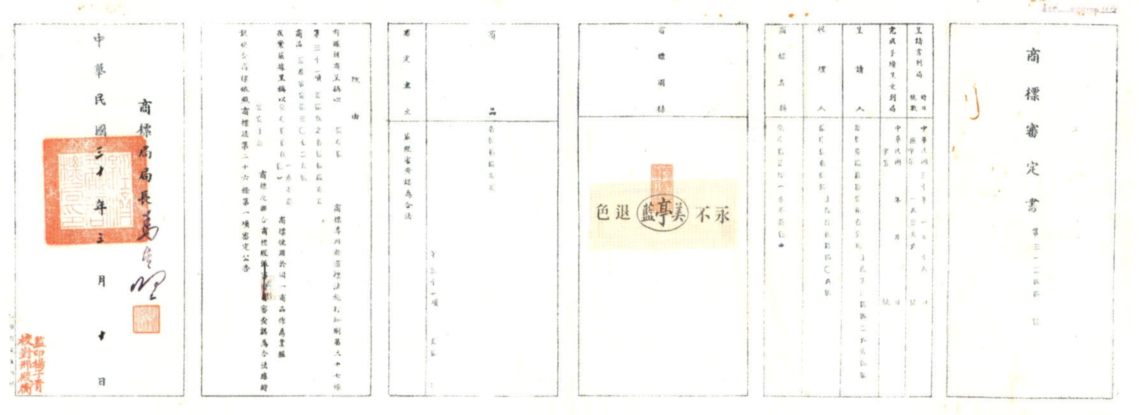

图 102　华丰染织厂股份两合公司于 1941 年注册“美亭蓝”商标的审定书，商标审定号为 30729，商品类别为第 31 项匹头类棉织布匹，到局时间为 1941 年 1 月 18 日，呈请人为华丰染织厂股份两合公司

（见图 103）、“洛神”、“青春”、“美球”、“雪美”等多个商标。

3. 冀中行政公署商标注册证

1937 年 10 月 14 日，第五十三军第三八八旅第六九一团团长吕正操在晋县誓师抗日，改称人民自卫军，与河北游击军等抗日武装积极开展游击战争，至 1938 年 4 月，相继建立了 38 个县的抗日政权。至此，东起津浦路、西至平汉路、北起平津、南至沧（县）石（家庄）路的冀中根据地初步建立起来，并成为晋察冀边区抗日根据地的重要组成部分。1938 年 4 月 1 日，成立了冀中政治主任公署（后改行政公署），吕正操任主任；4 月 21 日，冀中共产党在安平县召开了第一次代表大会，大会确定冀

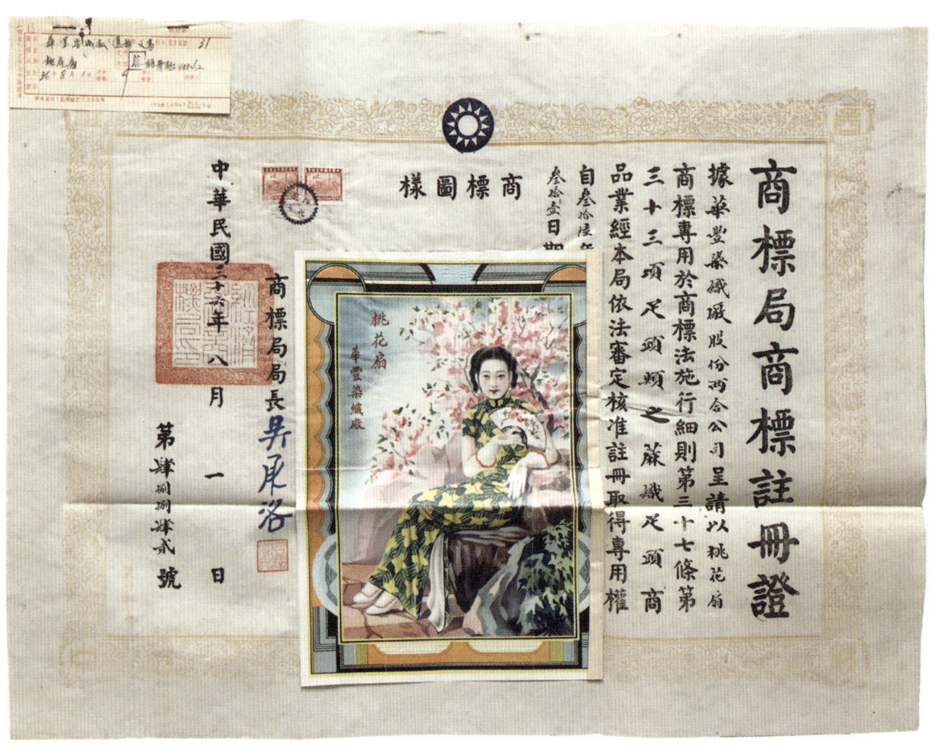

商標局商標註冊證

據華豐染織廠股份兩合公司呈請以桃花扇商標專用於商標法施行細則第三十七條第三十三項疋頭類之蘇織疋頭商品業經本局依法審定核准註冊取得專用權自叁拾陸年……叁拾壹日期……

商標圖樣

商標局局長

中華民國三十六年八月一日

第肆捌捌肆貳號

图 103　华丰染织厂股份两合公司“桃花扇”商标注册证，商标注册号为 48842，商品类别为第 33 项匹头类之麻织匹头，专用权限为 1947 年 8 月 1 日至 1967 年 7 月 31 日

中省委改为冀中区党委，由黄敬任书记；5月4日，成立冀中军区。人民自卫军与河北游击军合编为八路军第三纵队，由吕正操任纵队和军区司令员。

1944年5月25日，《晋察冀边区商品牌号专用登记办法》出台。1946年8月29日，《晋冀鲁豫边区商标注册办法》出台。如图104所示，这枚空白的冀中行政公署商标注册证，是一位爱护书籍之人用它包书，无意间得以保存，弥足珍贵。冀中行政公署商标注册证的使用时间为1946—1949年。

4. 华美大药房“华美狮球”商标审定书

华美大药房创建于1907年10月，是上海早期开设的七大华商药房之一，当年投资人为黄云华和陈梦飞。图105为1948年华美

图104
图105

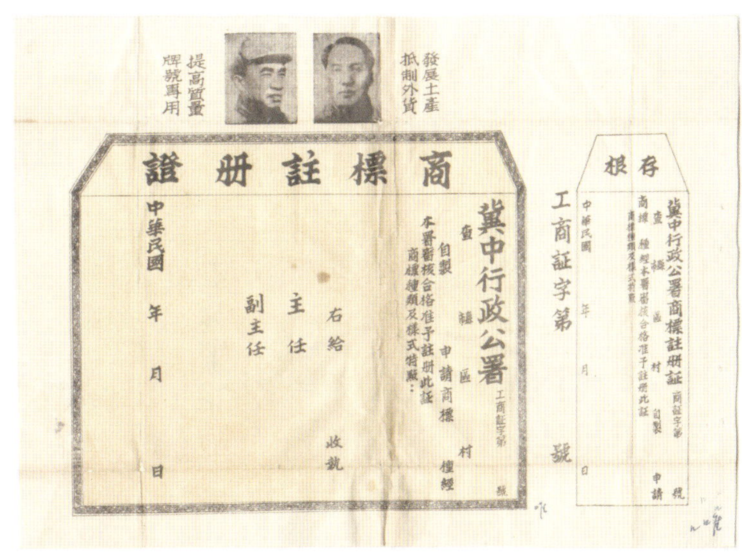

發展土產
抵制外貨
提高質量
牌號專用

商標註册證

冀中行政公署　工商証字第　號
壹　縣　區　村　申請商標　種經
自製
本署審核合格准予註册此証
商標種類及樣式特點：
右給　收執
主任
副主任
中華民國　年　月　日

存根
工商証字第　號

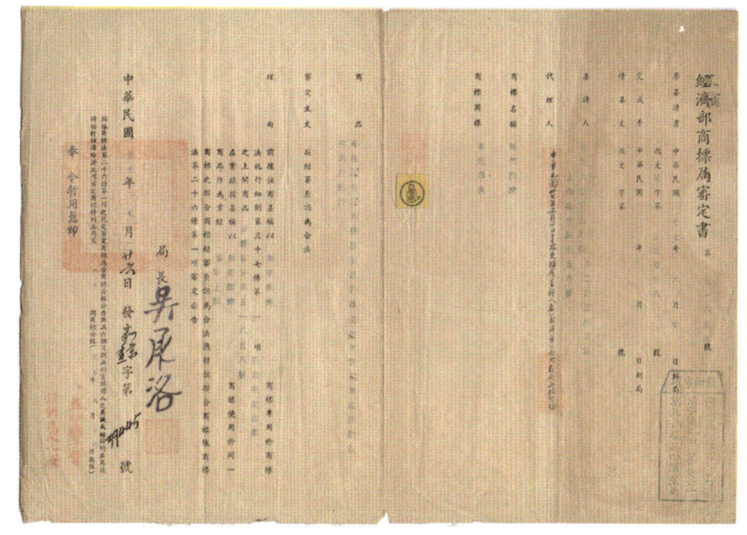

經濟部商標局審定書

图104　冀中行政公署商标注册证空白样页

图105　华美大药房“华美狮球”商标审定书，审定号为39445

大药房的“华美狮球”商标审定书。

5. 瑞士罗纳化学公司商标注册证

瑞士罗纳化学公司成立于 1895 年。现存的有关瑞士罗纳化学公司商标注册证等资料中，包含新中国成立前的商标注册证；新中国成立后瑞士罗纳化学公司向贸易部商标局提出的商标注册申请书、代理人委托书（中英文版）以及其委托代理会计师事务所发给中央私营企业局的公函信封等（见图 106 ~图 109）。

图 106 | 图 107

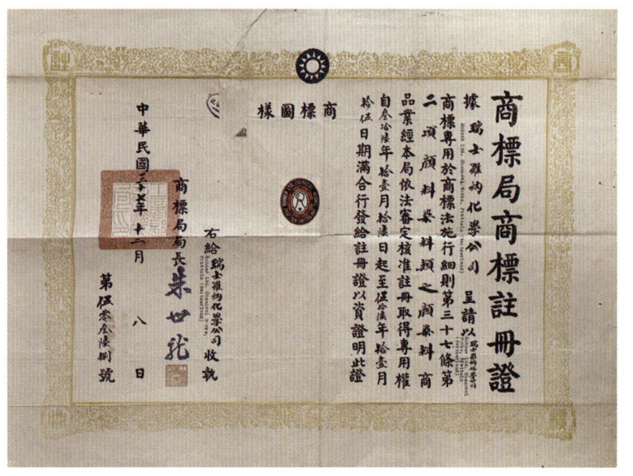

商標局商標註冊證

據瑞士羅納化學公司呈請以瑞士羅納化學公司商標專用於商標法施行細則第三十七條第二項顏料染料類之顏染料商品業經本局依法審定核准註冊取得專用權自叁拾柒年拾壹月拾柒日起至伍拾柒年拾壹月拾伍日期滿合行發給註冊證以資證明此證

商標圖樣

右給瑞士羅納化學公司收執

商標局局長朱世[illegible]

中華民國三十七年十一月八日

第伍零叁陸捌號

图 106　1948 年瑞士罗纳化学公司的商标注册证，商标注册号为 50368，商品类别为颜料染料类之颜染料

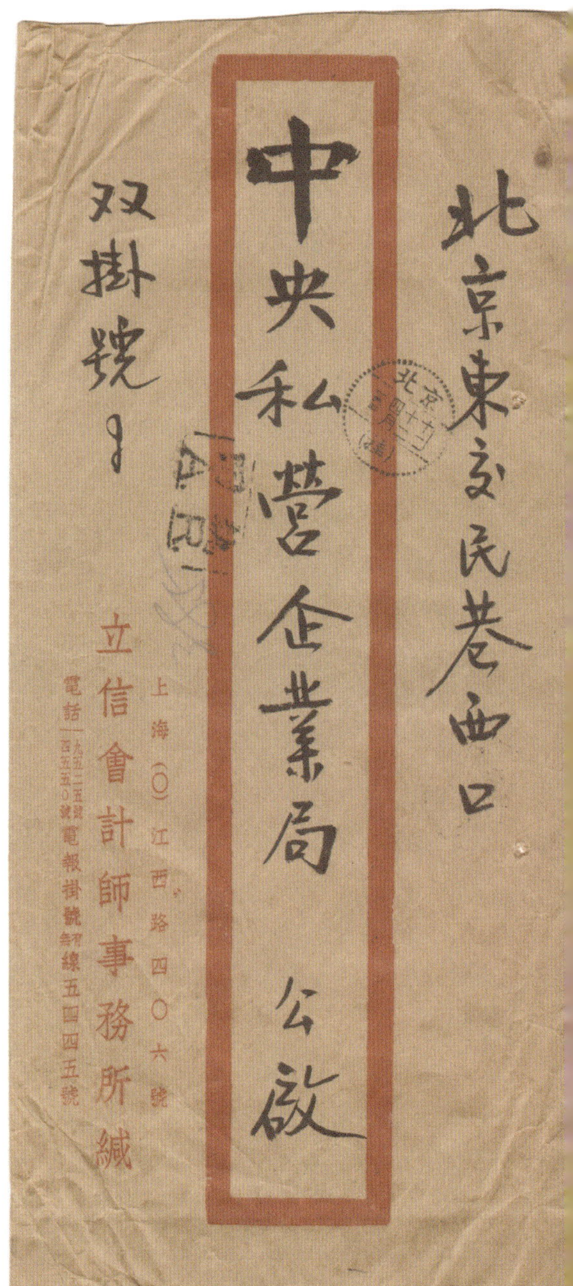

图 107　1951 年 4 月 10 日，瑞士罗纳化学公司委托代理会计师事务所发给中央私营企业局的公函信封

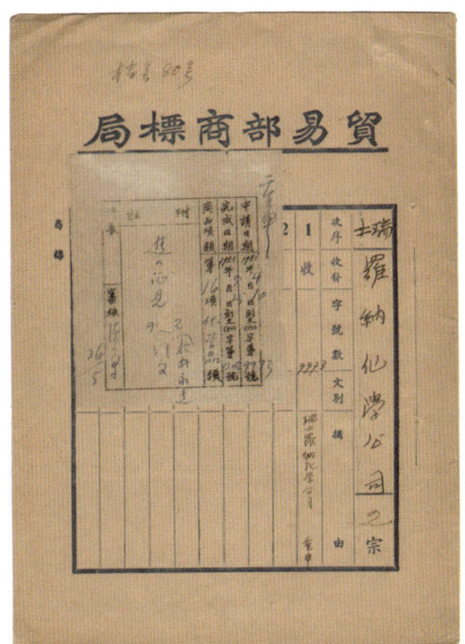

貿易部商標局

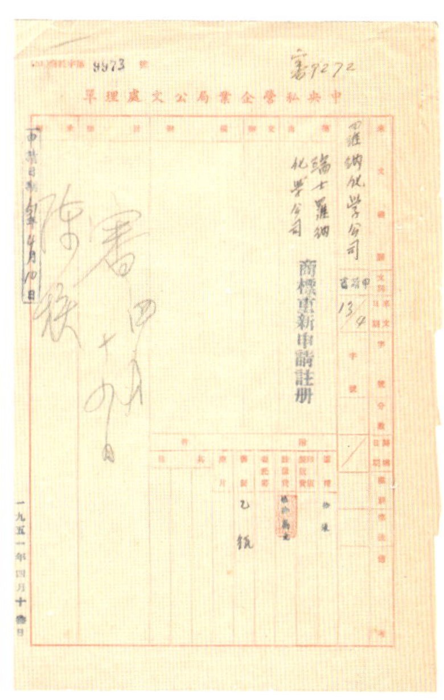

中央私營企業局公文處理單

商標重新申請註冊

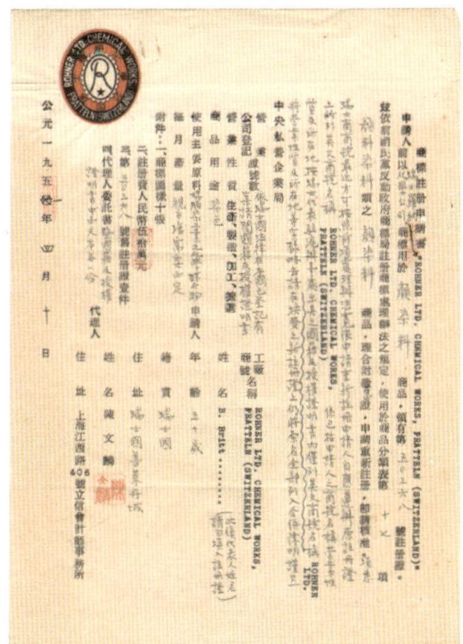

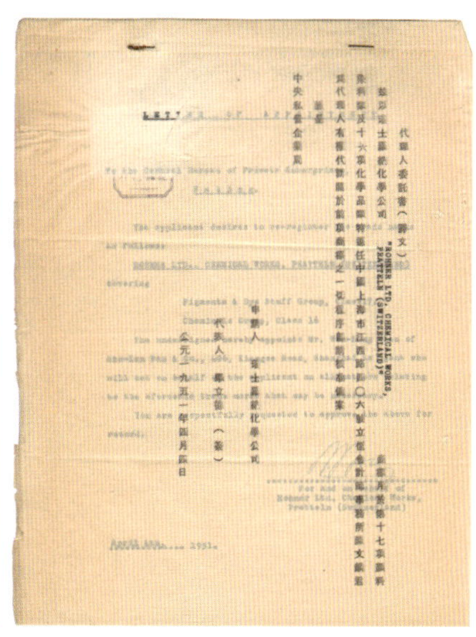

图 108 图 108　瑞士罗纳化学公司商标注册证等资料档案页

图 109 图 109　1951 年 4 月，瑞士罗纳化学公司向贸易部商标局提出的商标注册申请书以及代理人委托书（中英文版）

二、现代商标之“最”

自清政府颁布《商标注册试办章程》后，清末商标施行挂号注册制，企业注册商标后拿到的是商标说明和说帖。1923 年，北洋政府颁布了我国商标史上第一部内容完整的商标法律即《商标法》，最早的审定商标概念出现在 1923 年第一期《商标公报》，北洋农商部商标局也是自 1923 年才正式发放商标注册证。经商标管理部门审查，认定合法的商标称为审定商标。商标管理部门给审定的商标颁发“商标审定书”，在《商标公报》上刊登商标的图片和文字信息，六个月公告期满，依照《商标法》规定核准注册的商标为注册商标。审定商标既包含通过核准的注册商标，也包含在公告期内未通过核准的商标。

1. 最早的民族绢丝厂商标

1922 年，浙江湖州南浔人、朱勤记丝行业主朱节香自购一台绢丝精纺机和部分设备，在闸北金陵路（今秣陵路）创办了中和绢丝厂，并高薪聘请日本技术人员，这是中国民族资本在上海创办的最早的绢丝厂。但因经营不善，再加上生产条件也欠完善，不到两年已亏损 10 万银两，最终关闭。1925 年 9 月，朱节香用集资的形式，再次办绢丝厂，名为中孚绢丝厂股份有限公司。1937 年“八一三事变”后，中孚绢丝厂股份有限公司因临近闸北战区，被迫停产，设备被抢运到美亚绸厂。1938 年 2 月，中孚绢丝厂股份有限公司对所购西康路 1501 弄 3 号原泰丰饼干厂（位于公共租界）的厂房进行翻建改造后复业。为避免日军骚扰，中孚绢丝厂股份有限公司在上海美国领事馆注册，挂上美商招牌，更名为美商中孚公司。公司复业后的生产能力为年产绢丝 50 吨。至 1941 年，生产规模进一步扩大，绢丝精纺锭达到 5400 枚，产品远销印度、南洋等国家和地区。

在日军的干扰下，1942 年公司再度停产。直到 1943 年底，经多方周旋才复业。抗战胜利后，中孚绢丝厂股份有限公司盈利倍增，至 1948 年底，公司占地 9 亩，年产绢丝 52 吨。中孚绢丝厂股份有限公司曾经使用的商标为“钟虎”“黄虎”等（见图110、图111）。

2. 最早的西药产品商标：中西牌

中西牌商标属于上海中西大药房。1887年11月8日，华商顾松泉在上海四马路（今福州路）自创“中西大药房”，它是上海第一家由华商开设的西药房。1915—1922年，该西药房业务发展走到顶峰，产品达近百种。然而，1923年9月，顾松泉因投资经营面粉失败，自感回天乏术，将中西大药房盘给中法大药房的老板黄楚九，中间又几易其主，直到1952年正式改为公私合营

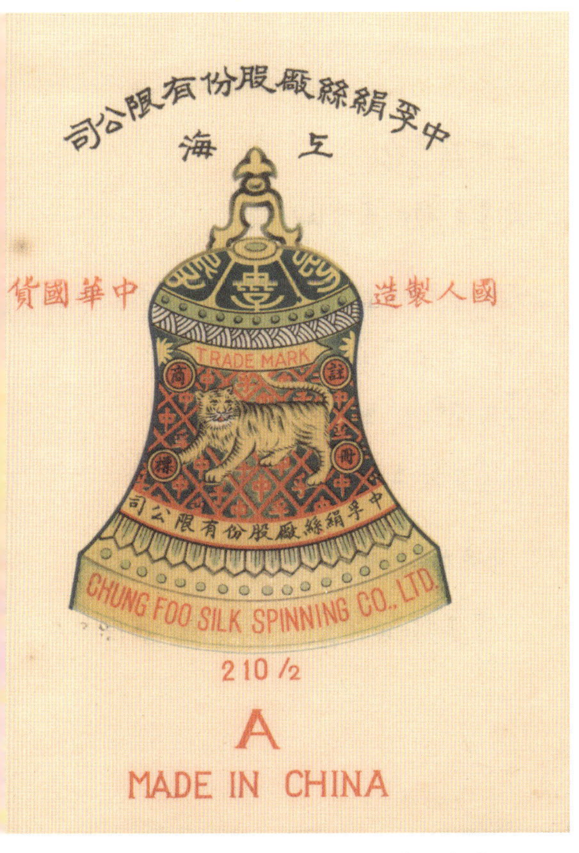

图110｜图111　图110　1925年后中孚绢丝厂股份有限公司使用的“钟虎”商标

图111　1925年后中孚绢丝厂股份有限公司使用的“黄虎”商标

企业，1964 年改名为“中州化学制药厂”，1967 年更名为“上海第十四制药厂”，1985 年改为“上海中西制药厂”。如图 112 所示，为中西牌注册商标产品所用铁质药盒。如今，中西牌仍是上海中西制药厂使用的著名商标。

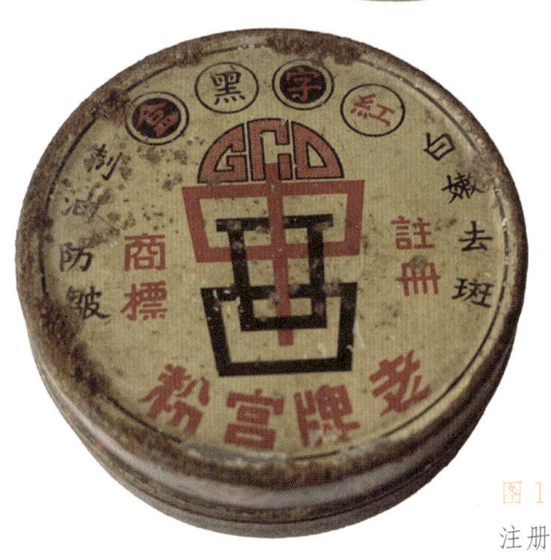

图 112　中西牌注册商标产品所用铁质药盒

3. 最早的小版张套标

苏州鸿生火柴公司是民族资本家刘鸿生于 1920 年创办的火柴公司。1920 年，苏州鸿生火柴公司登记并印制了 10 枚商标连体小版张（见图 113），它是中国火柴商标中最早的小版张套标。清

图 113　1920 年，苏州鸿生火柴公司登记并印制的 10 枚商标连体小版张

末、民国时期的火柴商标通常都是单枚的，像这种火柴商标的小版张套标就显得尤为珍贵。

1930 年 7 月，鸿生、荧昌、中华三家火柴公司合并，成立了大中华火柴股份有限公司，具备了与在华的日资火柴企业和瑞典火柴企业竞争的实力。这种并购，对于振兴民族工业，抵制日本、瑞典资本对中国火柴行业的入侵，有着积极的意义。

4. 最早的雪花膏商标：双妹牌

香港广生行由冯福田于 1898 年创办，最初使用双妹牌商标。1921 年，广生行在上海建厂。1930 年，上海明星香水肥皂制造有限公司成立。1937 年，广生行沪厂有双妹牌雪花膏、花露水、牙膏等 9 个国货品种。1958 年，广生行沪厂、上海明星香水肥皂制造有限公司、东方化学工业社、中国协记化妆品厂合并成立上海明星家用化学品制造厂，20 世纪 60 年代初推出友谊牌、雅霜牌护肤品。1967 年，上海明星家用化学品制造厂改名为上海家用化学品厂。双妹牌是 20 世纪初我国第一家现代机器设备生产化妆品企业——广生行注册的化妆品商标（见图 114）。

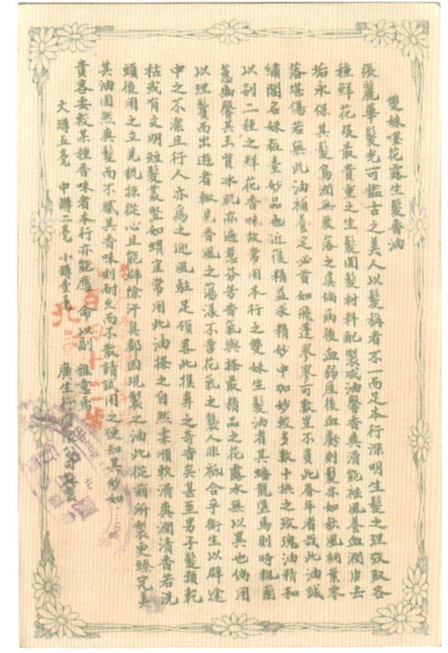

雙妹嚜花露生髮香油

張麗華髮光可鑑古之美人以髮稱者不一而足本行深明生髮之理致聚各種鮮花及最貴重之生髮固髮材料配製成油馨香異常能祛風養血潤膚去垢永保其髮烏潤無衰落之虞倘病後血弱産後血虧則髮亦如秋風桐葉零落堪傷若無此油補養之必首如飛蓬[illegible]可數豈不負此春年者哉此油誠繡閣名姝粧臺妙品也近復精益求精妙中加妙較多數十換之玫瑰油精和以別二種之鮮花香味故常用本行之雙妹生髮油者其蟠龍墮馬則時髦[illegible]蓋幽馨其玉質冰肌亦適慈芬芳香氣與搽最精品之花露水無以異也備用以理鬢而出遊者微見香風之蕩漾不啻花氣之襲人非祇合乎衛生以辟塵中之不潔且行人亦爲之迎風駐足領畧此撲鼻之奇香矣甚至男子髮類乾枯或有文明短髮叢豎如蝟宜常用此油搽之自然柔順軟滑異潤清香若洗頭後用之尤見執標從心且能辟除汗臭都幽現製之油此從前所製更臻完美其油固然異髮而不膩其香味則耐久而不散請試用之便知其妙如

貴客要較某種香味者本行亦能應命以副 雅意焉

大樽五毫 中樽二毫 小樽壹毫 廣生行有限公司謹製

图 114 双妹牌商标广告卡片正、背图。1923 年，广生行申请注册双妹牌化妆品商标，商标注册号为 47，1923 年 12 月 15 日拿到商标注册证，商标专用年限为 1923 年 12 月 15 日至 1943 年 12 月 14 日，商标呈请人是冯福田

5. 最早的民族制药企业注册商标：“龙虎”

1911 年 7 月，浙江余姚实业家黄楚九先生在上海创办龙虎公司，他以《诸葛行军散》和家传祖方《七十二症方》为基础，自创龙虎人丹。1915 年企业更名为中华制药公司。它是近代我国第一家民族制药工业企业。公司的注册商标是“龙虎”，注册时间是 1928 年，审定商标是第 1091 号，联合商标注册号为 335 号，呈请人是黄云华、许晓初，呈请人住址为上海汉口路 109 号南京许家巷 11 号（见图 115）。

6. 最早的时钟商标：“美华利”

1876 年，孙庭源在上海河南路三马路口开设了美华利钟表行。1915 年，其子孙梅堂在闸北天通庵新建了美华利时钟制造厂，制造厂使用“美华利”时钟

图 115 “龙虎”商标人丹包装袋（部分）

商标（见图 116），它是我国第一个时钟商标。同年，“美华利”时钟在巴拿马万国博览会上荣获金质奖章。

1932 年，“一·二八事变”爆发，美华利时钟制造厂被炸毁。至 20 世纪 30 年代末，美华利钟表行基本解体，只得改组出盘，由杭州亨达利钟表分店原经理娄仙林接盘。

7. 最早的灯泡产品商标：“亚浦耳”

20 世纪 20 年代初，我国第一件灯泡商标“亚浦耳”由中国亚浦耳电器厂创立。该厂创造出国内很多个“第一”，如我国第一家专业灯泡厂，制造出第一只国货灯泡，研制出我国第一根日光灯管等。亚浦耳电灯泡广告招贴如图 117 所示。

8. 最早的牙膏商标：“三星”

1922 年，中国化学工业社生产的三星牙膏是我国近代牙膏工业史上第一批国货产品，三星商标也是我国牙膏工业

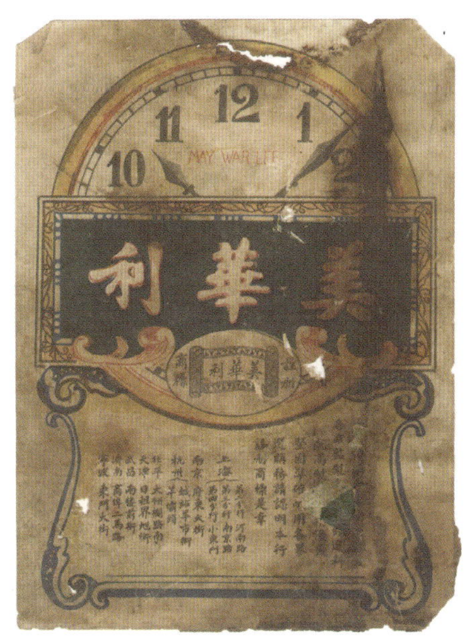

图 116 | 图 117　图 116　1925 年注册的“美华利”商标，商标注册号为 3034（乙），商品类别为 18 类，商标呈请人为浙江孙梅堂，登记住址是上海南京路 47 号

图 117　“亚浦耳”商标产品广告招贴

史上的第一个牙膏商标。1923 年，中国化学工业社注册三星商标，商标审定号为53；商品类别分别为第1类至第5类、第 39 类，药品、蚊烟香、鞋油、化妆品、香皂、牙粉牙膏、果子露等；商标呈请人为中国化学工业社有限公司，公司地址是上海河南路 444 号。三星牙膏商标广告招贴如图 118 所示。

9. 最早的电扇商标："华生"

1916 年，杨济川、叶友才、袁宗耀三人合资建厂，初定厂名华生电器制造厂，在上海四川路横浜桥开工。1924 年注册“华生”商标（见图 119），华生牌台扇正式批量生产。1926 年，在美

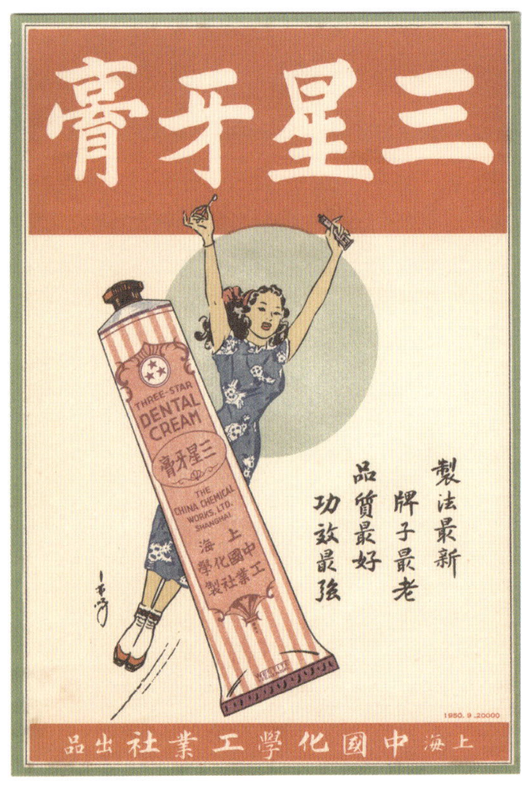

图 118 | 图 119 图 118 三星牙膏商标广告招贴

图 119 1924 年的“华生”电扇广告招贴

国费城世界博览会上，“华生”电扇获得银奖。“华生”商标为我国最早使用的电扇商标。

10. 最早的注册商标：“兵船”

中国近代工商业鼻祖无锡荣氏家族于 1903 年创办无锡茂新面粉公司，1910 年开始使用“兵船”商标。1923 年北洋政府商标法颁布后，“兵船”正式注册商标，成为我国历史上第一枚注册商标，商标注册时间为 1923 年 8 月 29 日，专用期限为 1923 年 8 月 29 日至 1943 年 8 月 28 日，类别为 46 类，呈请人为荣宗锦。商标分为绿、蓝、红、黑 4 种颜色（见图 120），按照顺序分为 1—4 号，用以区分不同产品等级。“兵船”产品在 1926 年荣获美国费城

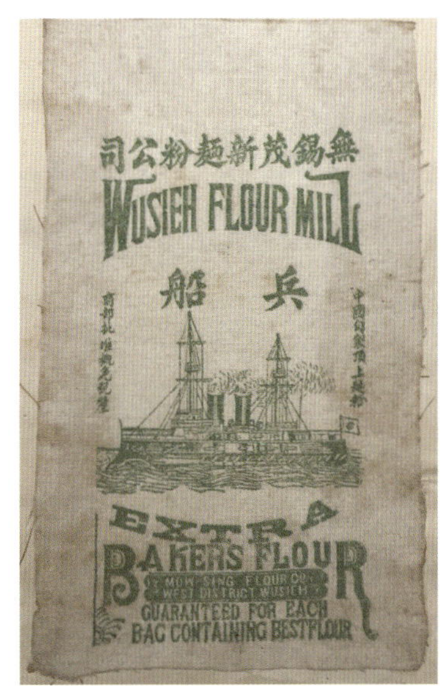

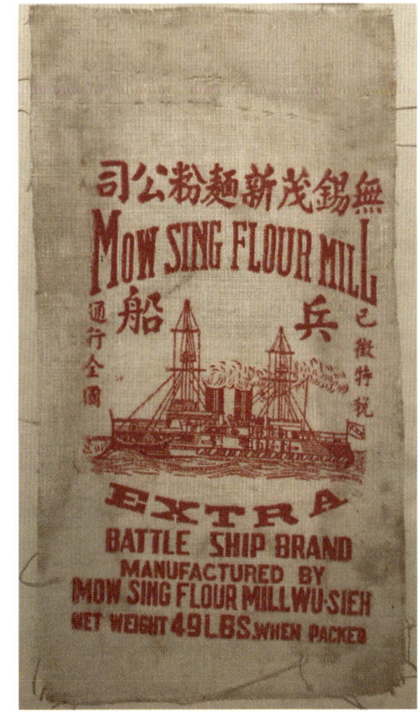

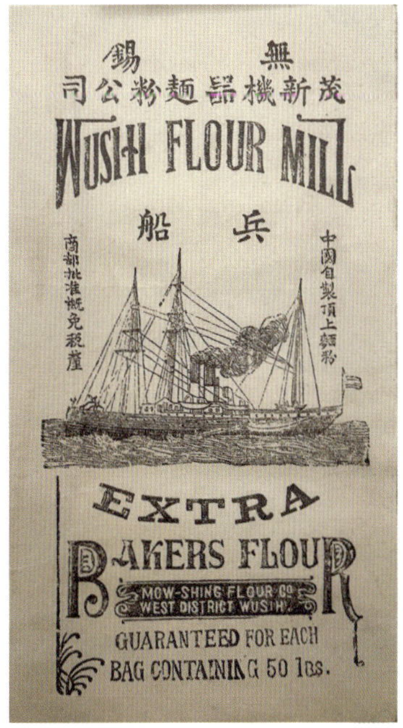

图 120　1923 年注册的四种颜色的“兵船”商标，分别为绿、蓝、红、黑色

世界博览会荣誉奖。“兵船”商标一直沿用到2003年。

11. 最早的石膏粉类注册商标：“瑞星”

我国第一枚石膏粉类注册商标是“瑞星”商标（见图121），注册号为004号，类别是13类，专用期限是1923年9月14日至1943年9月13日，商号为瑞泰机器石粉厂（上海曹家渡苏州河沿岸），呈请人是唐宝泰。

12. 最早的造纸类审定商标：“马头”

我国第一枚造纸类审定商标是“马头”商标（见图122），审定号为007号，类别是19类，时间是1923年，呈请人是天津振华机制纸版公司，厂设于天津河东粮店街。

13. 最早的水泥审定商标：象牌

我国第一枚水泥类审定商标是象牌商标（见图123），审定号为008号，类别是13类，时间是1923年，商号为华商上海水泥有限公司（上海曹家渡苏州河沿岸），呈请人是刘鸿生、朱佩珍，两人均为宁波人。刘鸿生是中国近代红色资本家。

图121 1923年注册的“瑞星”商标

早在1907年，水泥商标就曾出现过。北洋实业家周学熙牵头组建了启新洋灰股份有限公司，生产龙马负太极图牌水泥，当时实行的是商标备案制度，该商标有否备案不得而知。1923年《商标法》实施后，启新洋灰股份有限公司于1927年呈请注册龙马负太极图牌商标。虽然龙马负太极图牌商标晚于象牌商标注册时间，

图 122 | 图 123　图 122　1923 年审定的“马头”商标
图 123　1923 年审定的象牌商标

与“第一”失之交臂，但它却是中国民族企业最早使用的水泥商标。

14. 最早的烟丝类注册商标：“建兰记和合图”

我国第一枚烟丝类注册商标是建兰记和合图（见图 124），注册时间为 1923 年 10 月 3 日，专用期限为 1923 年 10 月 3 日至 1943 年 10 月 2 日，注册号为 009，类别是 47 类，商号为徐隆源，呈请人是徐宗修。

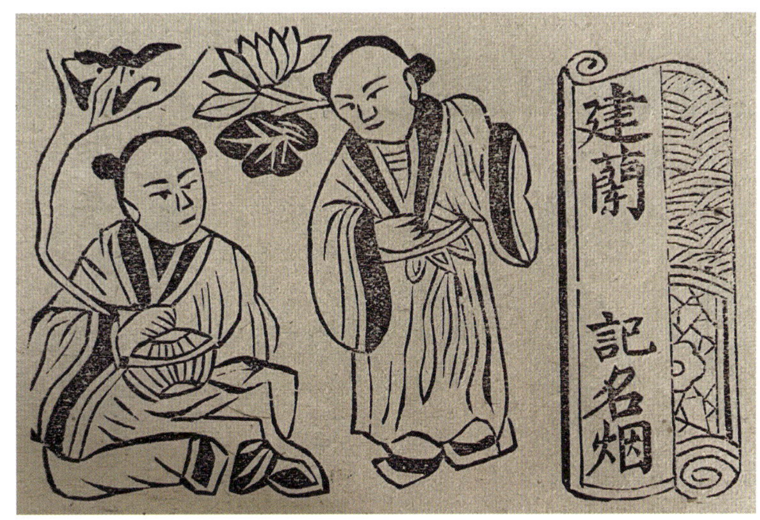

图 124　1923 年注册的建兰记和合图商标

15. 最早的医药类审定商标："太上"

我国第一枚医药审定商标是太上商标（见图 125），审定号为 17 号，类别是 1 类，时间是 1923 年，商号为长春堂闻药铺，产品为太上避瘟散，呈请人是孙三明。

16. 最早的棉纱布匹类注册商标："人钟"

我国第一枚棉纱布匹类注册商标是申新纺织公司的"人钟"商标（见图 126），注册时间是 1923 年 10 月 15 日，专用期限为 1923 年 10 月 15 日至 1943 年 10 月 14 日，注册号为 010，类别是 27 和 31 类，商号为上海申新纺织公司，呈请人是荣宗锦。

17. 最早的味精注册商标："佛手"

佛手牌是我国近代著名实业家、化学家、中国"味精之父"吴蕴初先生创

图 125｜图 126　图 125　1923 年审定的"太上"商标
图 126　1923 年上海申新纺织公司注册的"人钟"商标

立的，是我国第一件味精注册商标（见图 127）。吴蕴初于 1924 年 1 月向北洋政府农商部商标局申请注册“佛手”商标，1924 年底被商标局核准注册，注册号为 1898。“佛手”味精商标是我国味精行业最早使用的注册商标。“佛手”味精早在 20 世纪 20 年代因其品质超群深受广大消费者喜爱，打破了当时日本味精在中国一统天下的局面，而“佛手”商标也成为当时家喻户晓、具有代表性的民族品牌之一。当时佛手牌味精广告招贴如图 128 所示。佛手牌至今已有 100 年的历史，现为上海冠生园天厨调味品有限公司的主打品牌，是中国民族工业的代表性品牌之一。

18. 最早的番茄酱商标：金盾牌

1930 年 7 月，几位中国厨师成立了中国梅林罐头食品厂。1933 年食品厂更名为中国梅林罐头食品股份公司。1941 年，中国梅林罐头食品股份公司以英文

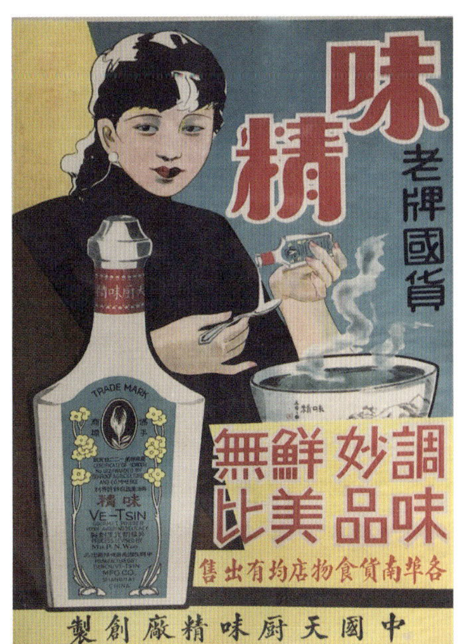

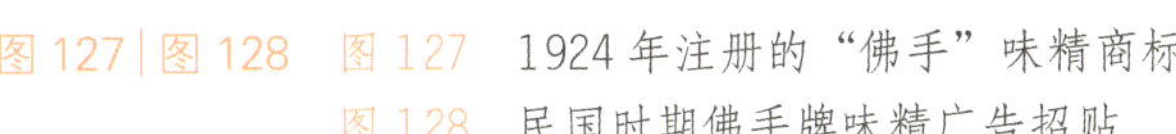
图 127 | 图 128　图 127　1924 年注册的“佛手”味精商标
图 128　民国时期佛手牌味精广告招贴

"MALING"申请注册金盾牌和盾牌商标，商标审定号分别为 31690、31692。金盾牌商标是我国最早使用的番茄酱商标（见图 129）。1960 年上海产业调整，中国梅林罐头食品股份公司改名为上海梅林罐头食品厂。

19. 最早的香精商标：飞鹰牌

飞鹰牌是李润田创立的。李润田于 1920 年进入上海仁记路（今滇池路）的瑞商隆兴洋行香料部工作，后又任职瑞商滇余洋行，1929 年离职，开始研制与推广自创的香料。1932 年李润田出资买下鉴臣洋行牌号，1943 年将独资的鉴臣洋行改组为鉴臣香精原料股份有限公司。1946 年，鉴臣香精原料股份有限公司注册飞鹰牌商标，商标审定号为 49578，信息刊登在 1948 年第 279 期《商标公报》上。飞鹰牌商标是我国最早使用的国货香精商标（见图 130）。

20. 民国时期知名度最高的国货衬衫商标：司麦脱牌

司麦脱牌是民国时期我国知名度最高的国货衬衫商标。如图 131 所示，这是上海新光标准内衣制造厂于 20 世纪 40 年代初使用的司麦脱牌衬衫内包装硬纸衬板。1945 年，上海新光标准内衣制造厂呈请注册"SMART"商标，于 1946 年审定通过，审定号为 36885。

图 129 中国梅林罐头食品股份公司 20 世纪 30 年代末使用的金盾牌番茄酱铁盒外包装卷贴

图 130
图 131

图 130　鉴臣香精原料股份有限公司于20世纪40年代初使用的飞鹰牌香精包装标贴

图 131　民国司麦脱牌衬衫内包装硬纸衬板

21. 江阴最早的布厂与“俭德美”商标的渊源

清末，洋务运动所倡导的民族工业在长江流域兴起，官办、民办的企业正在悄然改变中国的面貌。居于大江之南的江阴县城里，有梦想的一批人跃跃欲试，准备在新兴的实业领域一试身手。1905 年，吴汀鹭、祝丹卿、韩燮安、夏清桂、杨春瑞、陆宸卿等六人怀揣实业救国的远大理想，集资 9000 银元，在江阴开办了华澄布厂股份有限公司，董事长为吴汀鹭，副董事长为祝丹卿，董事为韩燮安、夏清桂、杨春瑞、陆宸卿，经理为韩燮安，协理是吴漱英。该公司的产品质地优良，价格公道，逐渐树立起了信誉。

1908 年，股东们决定筹办华澄二厂，将新厂的定位提高，即全新设施、新型厂房、新型设备、高设计要求。之后又成立了华澄三厂、华澄四厂。1910 年，华澄厂生产的鸡毛布、比光布、各色条布获南洋劝业会二等奖。1915 年，建成华澄五厂。此时，华澄布厂股份有限公司的名称已变更为华澄染织股份有限公司。1917 年，华澄六厂建成。此时，拥有六家布厂的华澄染织股份有限公司在江阴县城内外红红火火地生产经营，成为一种时代进步的象征，江阴土布逐渐被机织布替代。1921 年，华澄布厂生产的丝光哔叽获江苏省地方物品展览会二等奖；1925 年华澄布厂生产的线呢斜纹布、条斜纹布、胶布等获江苏省地方物品展览会三等奖。华澄布厂曾经使用过“芙蓉”“环球”“俭德美”“西施”“九华”“团华”“花城”“飞鹤”等商标。以华澄布厂为龙头的江阴织染业在 1937 年达到鼎盛。

随着日本全面侵华，日军入侵江阴，江阴较大工厂均无力继续生产，致使江阴纺织业惨遭涂炭，一片萧条。

1942 年，损失较小的华澄七厂的织机和配套设备运往上海万航渡路租界内，华澄染织股份有限公司驻申分厂招收老职工去沪做工，另建新厂，简称华申布厂，仍然使用“俭德美”商标（见图 132）。

图 132　上海华澄染织股份有限公司"俭德美"商标，使用时间为 1942 年至 1950 年。1951 年 2 月 26 日，上海华澄染织股份有限公司申请商标注册，商标审定号为 5004，上海厂址为厦门路 25 弄 22 号

三、民国时期洋行老商标

洋行老商标，即外国商行在华备案、注册或者使用的牌号，分注册商标和未注册商标，而洋行注册商标又分中国注册商标和本国注册商标。从某种意义上说，洋行老商标是外国资本对旧中国经济侵略的缩影，尽管如此，洋行老商标设计精美，部分洋行老商标被当成"洋画"保留下来，为我们今天研究商标提供了第一手资料。

1. 上海公平洋行"人虎"商标

上海公平洋行，是英商洋行，1850 年前创办，经营丝、茶贸易等业务。1882 年前设公平丝厂，有缫车 216 部，年产丝 300 包。1885 年，公平丝厂停办。十九、二十世纪之交，洋行改组，由前公共租界工部局总董沃德及普罗布斯特等合伙接办。1913 年改组为有限责任公司，添机器、五金杂货、匹头及纸货贸易等业务。1930 年由沪行经理及职员雷登、怀特等出面接办，按香港公司注册章程注册为私人有限责任公司。

英国经过第一次工业革命后，将机器大生产的产品推向世界各地，上海公平洋行就是鸦片战争后较早进入中国的英商洋行之一。19 世纪中叶，英国人就在本土注册了“祝寿图”“人虎”“来凤桥”“九财童”“马蹄金”等具有中国特色的商标，其中，“人虎”商标的注册号为 65716。清末实行商标备案制度之后，“人虎”商标在华登记备案，注册号为 7312，此后一直沿用。人马未动，品牌先行。西方人对商标的重视可见一斑。1940 年 6 月，上海公平洋行重新注册了“人虎”商标，呈请人为上海四川路 261 号的德国一家公司，专用商品为第 31 项，商标审定号为 31408 号，刊登在 1941 年第 181 期《商标公报》上（见图 133）。

图 133　1941 年上海公平洋行在华的审定商标“人虎”

2. 泰和洋行“善游斗牛宫”商标

泰和洋行，是英国贸易商行，1845 年创办于广州。在我国上海、香港、福州以及日本横滨先后设分号，经营丝、茶贸易。1872 年前以香港为总号，上海诸埠设分号，1910 年，汉口、天津、烟台、广州分号相继开业。1923 年改组，在上海、广州、烟台设分号。1926 年再度改组，按香港公司注册章程注册为私人有限公司，核定资本 100 万港元。1936 年前后收购汕头德记洋行，汕头分号华名仍称“德记”。泰和洋行进口英、德等国匹头、原棉、黄麻、染料、亚麻、绣花线、毛纱、羊毛等；出口生丝、绣货、手帕、猪鬃及其他中国产品，销往英、澳、德国等地。

作为英国棉都的曼彻斯特，其大批棉纺商品销往中国，清末的中国成为吸纳英国商品的最大市场。清末英商已经在华登记备案“善游斗牛宫”商标；1929 年 6 月，泰和洋行向国民政府申请注册商标，商标审定号为 4826，专用商品类别为 31 类棉织匹头，审定商标刊登在 1931 年第 29 期《商标公报》上。图 134 为 1931 年泰和洋行在华审定商标“善游斗牛宫”，设计颇具中国古典意味。

图 134　1931 年英商泰和洋行在华的审定商标“善游斗牛宫”

四、以重大历史事件为图案的商标

面对西方列强的入侵，为摆脱半殖民地半封建社会，中国早期改革派开始从思想、制度、军事、实业等方面摸索救国的道路，我国民族资产阶级在此背景下应运而生，民族企业迎来发展的契机。在这个阶段企业所创立的商标都带有浓厚的时代特征，反映了当时的社会现状。无论是中国民族企业商标还是外国在华企业商标，图案基本上都具有中国时代特征，符合中国人的审美心理。可以说，中国这个时期的重大历史事件，在商标上均有体现。自清末到新中国成立前，火柴商标、印染纺织商标、酒类商标、医药商标、香烟商标等一直贯穿于这个时期，其中以火柴和纺织类商标最多。

1.“大总统”商标

泰和洋行为英商贸易行，1845 年创办于广州。因 1904 年的《商标注册试办章程》并无针对肖像权不准注册商标的规定，泰和洋行将袁世凯的骑马像印在泰和洋行的商标上（见图 135）。直

图 135　泰和洋行“大总统”商标

至 1923 年中国第一部内容完整的商标法颁布，将未经允许的他人肖像归入禁止注册商标之列，名人肖像商标才渐被取缔。

2. 纪念辛亥革命的火柴商标

1911 年，辛亥革命推翻了清王朝，结束了中国两千多年的封建君主专制制度，建立起资产阶级共和国，推动了中国历史的前进。在“还我山河”商标中（见图 136），龙代表清王朝，地球代表封建统治，军人代表推翻清政府的中国伟人。该商标呈请注册时间为 1924 年，商标审定号为 1331 号，类别为第 53 类火柴，呈请人是井上重造，该商标为日商在华注册商标。

3. 共和国伟人火柴商标

1912 年元月，中华民国临时政府在南京成立，孙中山被推选为大总统，黎元洪被选为副总统兼领鄂督，黄兴任陆军总长。为纪念辛亥革命的成功，火柴厂将孙中山、黄兴、黎元洪三位伟人图像印在火柴上（见图 137）。1923 年之后，《商标法》明确规定，商标图案中不得使用伟人头像、国旗等，这也是 1923 年以后我们很少看到有伟人头像印在商标上的原因。

4. 纪念“九一八事变”的火柴商标

1917 年，罗节若、利耀峰于顺德

图 136 | 图 137　图 136　1924 年日商在华注册的“还我山河”火柴商标
图 137　20 世纪初共和国伟人火柴商标

创办广东东山火柴厂，注册资本 30000 元，注册商标 60 余种。1931 年 9 月 18 日，日本关东军悍然发动“九一八事变”。广东东山火柴厂推出“纪念国耻”商标（见图 138）。

5. 纪念“一・二八事变”的火柴、电池商标

1932 年 1 月 28 日夜间，日本侵略军由上海租界向上海闸北一带进攻。驻守上海的国民革命军第十九路军在全国人民抗日高潮的推动下，由抗日名将蔡廷锴、蒋光鼐率领，奋起抵抗，开始了淞沪抗战。如图 139、图 140 所示，分别是纪念 1932 年十九路军淞沪抗战的火柴、电池商标。

6. “航空救国”商标

早在 1906 年，中国航空先驱冯如先生即提出“航空救国”主张，该主张得到了孙中山先生的大力支持。1923 年 7 月 23 日，我国自行研制的第一架飞

图 138　20 世纪 30 年代广东东山火柴厂的“纪念国耻”商标

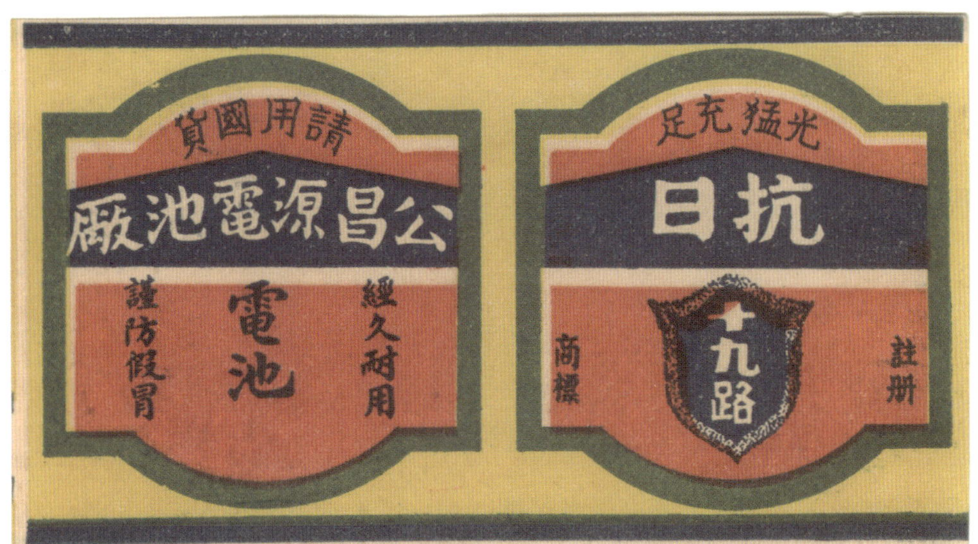

图 139 图 139 纪念“一·二八事变”的“十九路军牌”火柴商标

图 140 图 140 纪念“一·二八事变”的“十九路”电池商标

机试飞，孙中山携夫人宋庆龄一起参加了试飞典礼仪式，宋庆龄还亲自登上飞机试飞，这种果敢行为被后人传为佳话。试飞后，孙中山写下“航空救国”四个大字。20世纪30年代，用新知识武装的女性也融入航空事业中。1934年，上海大公纺织印染机器制造公司注册“航空救国”商标。在该商标图案中，飞机前的摩登女子身穿飞行服，俨然一位女飞行员，表现了当时女性积极投入航空事业的热情（见图141）。

图141 1934年上海大公纺织印染机器制造公司的“航空救国”注册商标

7.“七七”火柴商标

1939年4月，江西省建设厅厅长杨绰庵联合福建商人李仲青和建华火柴厂林弥钜，在赣东光泽县（现属福建省）创办江西民生火柴第一厂，李仲青任经理，有职工414人，资本总额12万元，其中江西省政府官股和个人商股各占一半，属官商合办。是年7月，政府退股，改为商办。如图142、图143所示，为纪念1937年7月7日卢沟桥事变，江西民生火柴第一厂于1939年起使用“七七”火柴包装，年生产“七七”火柴1940万盒，总产值126万元。1941年，该厂迁往临川县。1942年6月，日军进犯赣东，临

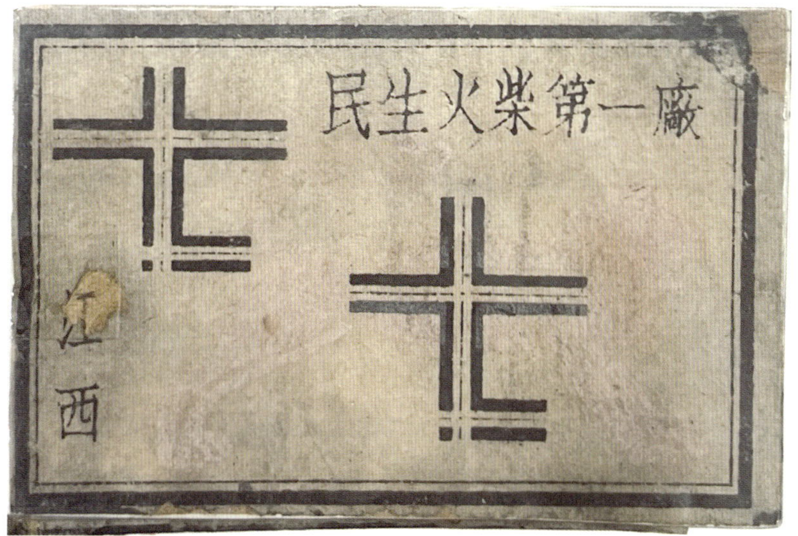

图 142
图 143　图 142、图 143　江西民生火柴第一厂于 1939 年起使用的“七七”火柴包装盒

川沦陷，民生火柴第一厂厂房、设备及原材料等损失殆尽。1945 年赣东收复后，李仲青在南城县林森路重建工厂，恢复生产。1948 年该厂加入江西省火柴联营公司，停止生产火柴，改为专门生产梗片，但不久就停业了。

8. 纪念台儿庄战役的棉布商标

台儿庄战役包括山东滕县战斗、临沂附近战斗、台儿庄战斗和日军的溃退、中国军队的追击作战等。战役由李宗仁、白崇禧、孙连仲、汤恩伯、张自忠、田镇南、关麟征、池峰城、王铭章等抗日将领指挥。在历时1个月的激战中，中国军队约29万人参战，日军参战人数约5万人；中方伤亡5万余人，毙伤日军2万余人。台儿庄战役打击了日本侵略者的嚣张气焰，灭了日本侵略者的威风，歼灭了日军大量有生力量，鼓舞了全国抗战的士气，是中华民族全面抗战以来，继长城战役、平型关大捷等战役后，中国人民取得的又一次胜利，是抗日战争以来取得的最大胜利。如图144所示，为了纪念台儿庄战役，万盛棉布号注册了“台儿庄”棉布商标。

图144　20世纪40年代万盛棉布号“台儿庄”注册商标

9. “大胜利”烟丝商标

20世纪40年代，在广东新会的一家规模不大的李香兰烟庄生产了“大胜利”烟丝，如图145所示，烟标上清晰地印着“国民抗战”四个大字，显示了抗战必胜的信心。在那个战乱的年代，一个小小的烟厂能用其独有的方式为抗

图 145　20 世纪 40 年代李香兰烟庄出品的“大胜利”烟丝商标

战呐喊助威，实属不易，从一个侧面反映了军民联合抗日、反击侵略的人心所向。1945 年 9 月 2 日，日本向盟军投降的仪式在密苏里号军舰上举行。在包括中国在内的 9 个受降国代表注视下，日本在投降书上签字。这是中国近代反侵略历史上的第一次全面胜利，也为世界反法西斯战争的胜利作出了巨大贡献。

10. 新生活运动之“集团结婚图”商标

1934 年 2 月 19 日，蒋介石在南昌发表《新生活运动之要义》讲演，揭开新生活运动序幕。其主旨是提倡纪律、品德、秩序、整洁等，教导人们礼义廉耻等，达到所谓“救国”“复兴民族”的目标。在此背景下，一些进步人士致力于婚仪改革活动。于是，一种全新的婚姻方式——集团结婚，也叫集团婚礼或集体婚礼，在20世纪30年代的上海、北平、青岛等地应运而生。成立于1927年的青岛青一丝棉染织厂，于1935年注册商标“集团结婚图”，如图146所示，图案展示了两对新人，为了响应节俭的号召，采用集团结婚的新型婚礼模式，左右两侧为“提倡国货充实国基，挽回利权以裕民生”的口号。

11.“空军”商标

中国最早的空军部队建立于1920年。1919年，杨仙逸奉命往福建漳州筹备组织我国第一支飞机队，并任总指挥。中国空军建军之始，仅有三架战斗机与两架JN-4。1923年2月，孙中山先生在广州成立大元帅府，任命杨仙逸为航空局局长。随后又筹办了广东飞机制造厂，杨仙逸兼任厂长。杨仙逸领导制造了中国第一架飞机“乐士文”号。

抗日战争时期，中国空军与日本侵

图146 1935年青岛青一丝棉染织厂“集团结婚图”商标

略者作战，和来华助战的苏联志愿航空队与美国人陈纳德领导的飞虎队一起保卫南京、武汉和昆明等城市，造就了高志航、刘粹刚等空战英雄，中国空军还配合盟军反攻日本，以中国作为空军基地，轰炸日本本土。

中国实业染织厂（上海总厂地址是中正南二路四一〇七弄七九号）为了鼓舞和纪念中国人民空军抗日的英勇行为，特别注册和使用了“空军”商标（见图 147）。该厂使用过的注册商标还有凯旋门、八骏图、明星图、一丈青、西游记、中国实业、绝代佳人、实业丰富、麒麟送子、卧龙岗、自强图、美人书竹、标准图等。

图 147　1935 年中国实业染织厂“空军”注册商标，商标注册号为 48095

12. 纪念中国远征军的香烟商标

中国远征军是抗日战争时期中国入缅对日作战部队，亦称“中国赴缅远征军”“中国援缅远征军”，1941 年 12 月根据《中英共同防御滇缅路协定》编成。中国远征军受盟军中国战区参谋长史迪威中将和罗卓英司令长官指挥，杜聿明为中国远征军第一路副总司令。该军由第 5 军、第 6 军、第 66 军编成，计 9 个师 10 万余人。

1942 年 3 月，中国远征军入缅发起滇缅路作战。失利后大部分退回云南。1943 年 4 月，重建远征军司令长官部，后称滇西远征军，一部撤至印度，称中国驻印军。1943 年 10 月至 1944 年 5 月中国驻印军和滇西远征军先后在缅北、滇西作战，歼灭日军三万余人。1945年1月27日，两军在畹町会师，3月，完成打通滇缅公路的任务后撤回国内。1945年4月撤销建制。中印缅战场牵制和消灭了日军的重要武装力量，对亚太地区反法西斯战争起了重要的作用。

中国精神烟厂于1940年初筹办，原始注册资本5万元，经理人杨海德，有职工12人，同年2月正式开工。“远征军”商标（见图148）呈请人是杨海德，专用商品类别为47项，呈文渝字第34122号，1944年2月19日到局，商标审定号为35298。中国精神烟厂使用过的商标还有“巧女”和“宝龙”。

五、记录国货运动的老商标

中日甲午战争后，随着“设厂自救”“实业救国”等呼声的高涨，中国民族资本主义有所发展。然而，帝国主

图148 中国精神烟厂“远征军”商标

义和封建主义仍然是阻碍民族资本主义发展的两座大山。在 1905 年的反美爱国运动[①]中酝酿起来的"发展近代实业，提倡土货运动"，成为中国近代国货运动的导火索。辛亥革命推翻了清王朝的封建统治，这不仅是一场深刻的政治革命，也衍生出一场意义深远的社会革命。辛亥革命后，民族资本家开始拥有相对宽松的社会发展环境，中国近代的国货运动也渐渐萌芽。

"国货"与"洋货"是相对的概念。国货指本国制造生产的工业品，洋货指进口和外资企业在华生产的工业品。国货运动，是在近代中国民族工商业的发展过程中，以中国民族资产阶级为主体的社会群体为对抗外国资本主义的洋货倾销而发起的经济自救运动，是中国人民反帝爱国运动的重要组成部分。

辛亥革命后，国民政府推行实业政策，使社会经济得以进步、新兴资产阶级得以发展，国货运动几经起落，总体呈现发展趋势。国货运动是中国近代史上不可忽略的社会经济现象，也是当代世界仍然不断被提及和重现的社会活动。在不同时间、不同地点、不同产品商标上，我们都能找到当年"提倡实业，挽回利权"的痕迹。在国家面临危机的时刻，使用国货成为一种救国行为，"爱国"布、"救国"火柴、"爱国"香烟等都是使用、推广国货的典范。

1. 大中火柴有限公司"麒麟"商标

有记载的河南省第一家民族资本

① 这次运动是反对美国排斥和虐待华工、要求废止中美华工条约的爱国运动。1904 年 12 月，美国胁迫清政府签订的《中美会订限制来美华工保护寓美华人条款》期满，旅美华侨 10 余万人联名上书清政府，要求废约。美国政府悍然拒绝这一正义要求，并再度提出续订新约，激起中国各界人民的强烈愤慨，并迅速形成一个控诉美国排华罪行，反对美国经济侵略的爱国运动。1905 年 5 月，上海商务总会集会，采取了前所未有的新形式——抵制美国货，作出了不用美国货、不定购美国货的决定。上海、南京、北京、天津、保定以及其他各地学生纷纷集会响应，大大增加了运动的声势。

火柴厂创建于1905年，是耀华火柴厂，厂址在开封市，这也是河南省民族火柴工业的开端。至1913年，全国火柴厂发展到70家，河南省有4家，这其中的大中火柴有限公司是由开封市当时的商会会长刘海楼集股创建，投资20000银元，使用的商标是“龙亭”“麒麟”。当时的民族企业都在大力提倡使用国货，推进实业救国的主张，抵制外国的经济掠夺，维护民族利益。大中火柴有限公司也不例外，如图149所示，其1925年注册的“麒麟”商标上印有“提倡实业，挽回利权”，商标注册号为3247（甲），商标呈请人为开封刘炳章。

2.“救国”火柴商标

上海大明火柴公司创办于1933年，创办人是邵修善。该公司使用的商标有“救国”“燧人氏”“大明”“百子”“喜鹊”“南京”等六种商标，在当时的社会上颇有影响，“救国”商标（见图150）于1933年3月1日呈请注册，商标审定号为14566，商标注册信息刊登于1933年4月15日第74期《商标公报》。

3.“陈塘关”商标

陈塘关的故事取自中国古典神话小

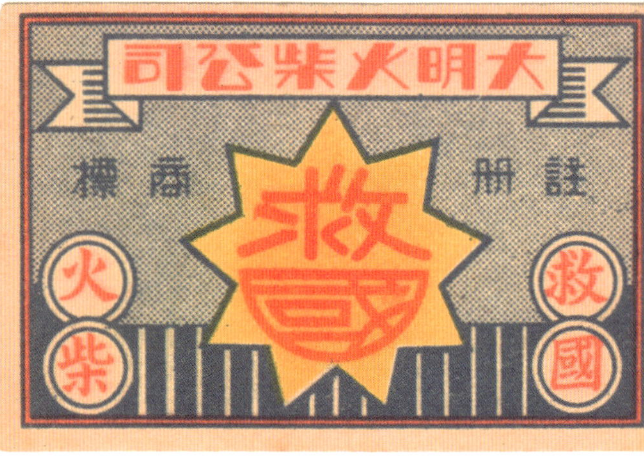

图149 | 图150　图149　1925年大中火柴有限公司“麒麟”注册商标
图150　1933年大明火柴公司“救国”注册商标

说《封神演义》。陈塘关总兵李靖的夫人怀胎三年六个月后，生下一个肉球，忽然光芒四射，从中跳出一个男孩。一位名叫太乙真人的道长前来贺喜，为男孩取名哪吒，收他为徒弟，当场赠他两件宝物：乾坤圈和混天绫。七年后的一天，七岁的哪吒来到东海游玩，此时天旱地裂，东海龙王滴水不降，还命巡海夜叉去海边强抢童男童女。这时，哪吒见义勇为，用乾坤圈打伤巡海夜叉，又杀了前来抓他的龙王三太子敖丙。四海龙王带领水兵水将来哪吒家外兴风作浪，水淹陈塘关，要李靖交出哪吒才肯收兵。哪吒想要反击，遭到李靖的阻拦，并收去哪吒的两件法宝。哪吒为了全城百姓的安危，挺身而出，悲愤自刎。事后，太乙真人借莲花与鲜藕为身躯，使哪吒还魂再世。复生后的哪吒手持火尖枪、脚踏风火轮，大闹龙宫，战败四海龙王，为民除害。

“陈塘关”商标描绘了这一画面，商标画面的左右两侧有“提倡国货”“振兴实业”的字样（见图 151）。该商标于 1932 年注册，商标审定号为 13257，

图 151　上海光新纺织厂“陈塘关”商标

专用商品类别为第31项，呈请人为上海光新纺织厂陈锡昌，地址为上海二马路望平街又新里，商标注册信息刊登在1932年第69期《商标公报》上。商标图案如图152所示。

4.“四强”火柴商标

1945年，广东五华工业社荣记的火柴注册商标“四强”意指我中华四亿同胞团结之强大，商标上印有“提倡国货”字样（见图153）。

图152 20世纪30年代上海光新纺织厂在棉织类产品上使用的陈塘关商标图案

5.“西厢图”商标

山东烟台德聚东机器染织厂的“西厢图”商标使用时间在20世纪30年代，“西厢图”上有“欲根本救国，须提倡国货”字样，画面描述了《西厢记》中的场景（见图154）。

6.“忠心保国”商标

如图155所示，上海兴隆棉布号“忠心保国”注册商标的左右两侧印有“提倡国货，挽回利权”字样，画面是一位官员带着两名随从，官员把乌纱帽高高抛起，寓意官员为了国家利益可以放弃一切。商标呈请人为上海兴隆棉布号杨立甫（上海公馆马路423街19号），专用商品类别为第31类，商标审定号为31594，刊登于1941年7月第183期《商标公报》。

7. 国货运动的畸形产物——日伪商标

1937年七七事变后，抗日战争全面爆发，在我国境内生产和销售的日货

图 153
图 154 | 图 155

图 153　1945 年五华工业社荣记的“四强”注册商标

图 154　烟台德聚东机器染织厂的“西厢图”商标

图 155　1941 年上海兴隆棉布号“忠心保国”注册商标

产品遭到中国人民的全面抵制，抵制日货、提倡国货、挽回利权的运动在全国各地风起云涌，各界人士均积极参与，使大量日货无处可销，因此，日商损失惨重。在此情况下，投机日商将自己产品上的商标撕下，改贴国货商标对外出售。为查禁这种行为，1938 年 10 月和 1940 年 1 月，国民政府分别颁布《查禁敌货条例》和《查禁敌货条例施行细则》等有关规定，抵制日货，保护国货产品。日商改版商标，参照中国民俗的图案来设计商标以仿冒国货，变相销售日货。但是，这样的行为很快被中国民众发现，政府立刻采取措施，公开信息，告诫民众，“第一功”“寒山寺”等产品被列为抗战期间禁止准入商品，其商标图案如图 156、图 157 所示。

图 156　图 156　日商岩田商务株式会社“第一功”商标

图 157　图 157　民国时期日商使用的“寒山寺”商标

8. 财神牌国货火柴商标

太平火柴厂于 1943 年成立，总号位于苏州平江路徐家弄 1 号，经理人为卞仲濂。太平火柴厂致力于推崇国货，是苏州少有的几家民族火柴厂之一，其使用的商标有“财神”（见图 158）、“二中”、“太平”、“鸿运”等。

9.“虎标”与创始人胡文虎

历史长河大浪淘沙，总能留下一颗颗璀璨夺目的明珠，胡文虎先生创立的“虎标”就是医药界的一颗明珠。他创立的“虎标”系列产品，如万金油、八卦丹、止痛散、头痛粉、清快水，在 20 世纪三四十年代家喻户晓、深入人心。直到今天，那头躯干挺直、张嘴咆哮的

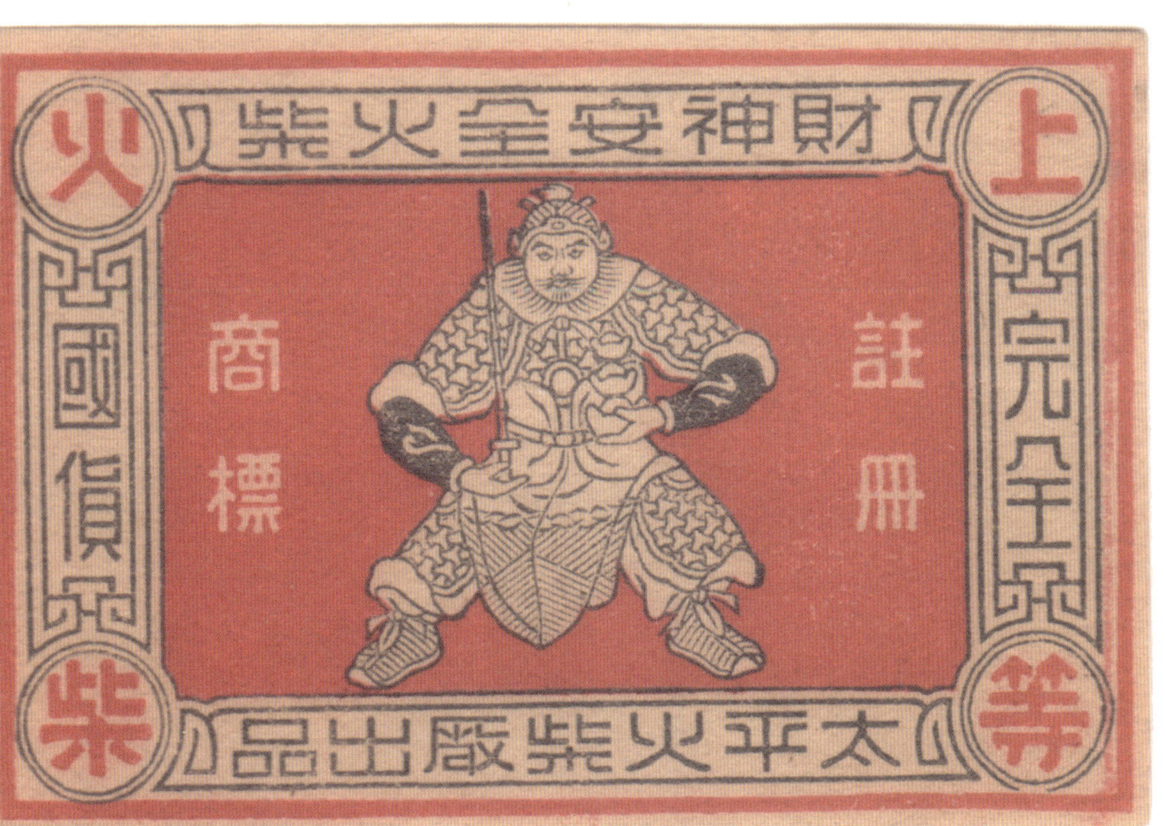

图 158 太平火柴厂“财神”注册商标呈文渝字第 4204 号，1945 年 12 月 29 日到局，专用商品类别为第 53 项，审定商标第 37138 号，商标图案左右两边有“完全国货”字样

猛虎形象——虎标，仍然使用在相关产品的包装上（见图 159）。“虎标”品牌为何能有如此巨大的成就，为何能经久不衰?

机会总是留给那些有准备有远见的人——“虎标”品牌的创立。有“万金油大王”之称的胡文虎，是南洋华侨的传奇人物，1882 年生于英国殖民时期的缅甸仰光，祖籍福建省龙岩市永定区下洋镇中川村，是客家人。父亲胡子钦是一名中医师，曾在仰光一处僻静的小巷开设了一家中药铺，取名“永安堂”，在销售中药时还挂牌行医。由于其医术精湛，受到了当地民众的尊敬与信任。

图 159　永安堂“虎标”万金油铁质包装盒

1908 年夏，胡文虎的父亲去世，胡文虎和胞弟胡文豹共同继承父业。为了谋求药业的革新与发展，胡文虎赴泰国、日本等地考察学习，从 1909 年开始，胡文虎在国内外多地进行市场调研，了解药品销售情况及学习制药技术。一天，胡文虎在一家新加坡酒店住宿，看见一位白发老郎中在酒店门口叫卖一种“万能油”的药，说它能治疗头痛、肚痛、虫咬等，且生意很好。当时，胡文虎随即装着头痛的样子，走上前去请教。老人用手指挑了一点“万能油”，往他头上一抹，胡文虎立刻闻到一股浓重的薄荷气味，只觉得神清气爽。随后他与这位老人接触，经常帮助老人推销“万能油”。老郎中见胡文虎有一定的医学知识，有推销商品的办法，又那么诚恳，便把此药的研制秘方传授给他。胡文虎并没有完全照抄“万能油”的配方，他根据“万能油”的基本原理，与父亲生前使用的“玉树神散”等中草药成药处方相结合，吸收我国传统的炼制丹、膏、丸、散的优点，利用科学方法，反复研究试验，终于制造出了能提神解暑、止痛止痒，既可内服又能外擦的良药“虎标”万金油。胡文虎在研制出万金油后，又先后研制成功了止痛散（见图 160）、头痛粉、清快水、八卦丹等一系列新药。1923 年，胡文虎到新加坡设立虎标永安堂总行和制药厂，此后业务蒸蒸日上，不到 10 年，在国内外十余个城市先后建立永安堂分行，在欧美一些大城市也设立特约经销部。1932 年，“虎

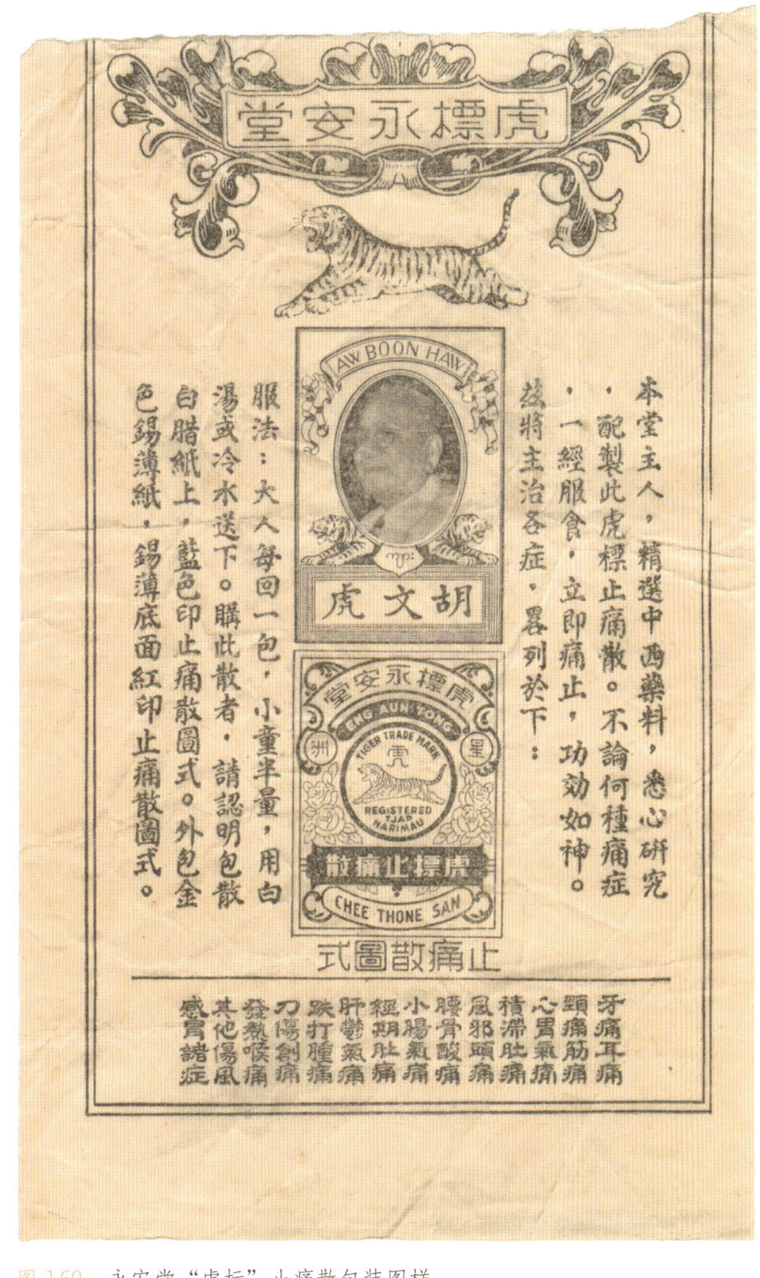

图 160 永安堂“虎标”止痛散包装图样

豹有限公司”成立，胡文虎自任董事长，胡文豹为常务董事，兄弟成为华侨中的成功人士。

20世纪30年代中期，“虎标”各类药品的经营达到了鼎盛时期。据有关资料介绍，当时年销售“虎标”万金油高达200亿盒，单单在泰国和新加坡的年营业额就达1000余万元。

“好酒也需巧吆喝”——“虎标”产品独特的广告宣传模式。胡文虎认为，每时每刻都要有广告宣传的意识，因为广告宣传的机会无时不有、无时不在。创业之初，胡文虎除了在大街小巷张贴产品商标广告（见图161）外，在每年春节期间，他都派人到大街上悬挂画有产品商标“虎标”图案的红色灯笼，以此加深人们对

图161　永安堂“虎标”八卦丹广告招贴

“虎标”的印象。

20世纪20年代中期，胡文虎注意到外国药商推销药品的一个重要手段，便是经常在报纸、杂志上刊登广告。胡文虎觉得这是一个宣传产品的好办法，因此不惜花费巨款，自己办报且经常在全国多家新闻媒体上做广告，注重产品的宣传。他喜欢用一种讲故事的形式来吸引广大读者。为此，胡文虎专门聘请了几位写作高手，在编写广告稿时，以讲故事的形式，将宣传内容穿插到故事情节之中。比如宣传“虎标”八卦丹的广告，大意是讲一对恋人相爱接吻，男的口臭，女的不喜欢，怎么办？你只要口含八卦丹，包你“吐气如兰”。那时教人口含八卦丹接吻，确实非常新潮有趣。

胡文虎为了宣传“虎标”，还时常请人编写长篇的故事广告，如《为什么关公刮骨疗疾不会痛》。文章开头描述关公领兵攻打樊城，中箭落马，名医华佗忙为他刮骨疗疾。关公吃下两包药散后，华佗持刀切入关公手臂，刮去箭毒，关公竟全然不觉疼痛；刮骨之后，关公即给伤口抹上了一种药油，只过几天，关公的伤就痊愈了。故事讲到这里才转入正题写道，华佗问：“关公，你吃的两包药散是什么牌子的灵丹神药？”关公听了，哈哈大笑：“华佗，你是名医，还不知道我用的是什么药？我吃的是从永安堂买的‘虎标’头痛粉和止痛药。伤口上涂的药，也是大名鼎鼎的‘虎标’万金油。”因故事写得活灵活现，这则广告刊出后人们争相传阅，永安堂“虎标”的名气越来越响亮了。

踊跃加入抗日队伍——以“虎标”药品抵制日货。1932年1月28日，淞沪抗战爆发，胡文虎多次捐款，并将大量“虎标”药品捐助给十九路军。为此，十九路军军长蔡廷锴非常感动，亲自为胡文虎题词：“永安堂主人胡文虎君，热心祖国仁术济人。本军在沪抗日，胡君援助最力，急难同仇，令人感奋。”1937年7月，抗战全面爆发。当时最为紧缺的物资，除了枪支弹药等武器外，就是必不可少的药品。胡文虎把“虎标”万金油、八卦丹等人们常用药品大量销往内地市场，以自己的实际行动来支援抗战。

当时，日本的“仁丹”药品仍然占领着国内市场，尤其是抗战大后方重庆的药品市场。永安堂重庆分行的经理曾为此专程前往香港，向胡文虎汇报这个情况，商量在重庆地区如何开展抵制日货的对策。胡文虎自创业以来，始终将日货“仁丹”药品作为自己“虎标”药品的主要竞争对手。如今再加上民族仇恨，胡文虎立即向分行经理表示，不惜一切代价，也要把日本“仁丹”药品赶出重庆药品市场。当时在胡文虎的具体部署下，永安堂重庆分行组织起五个国货药品宣传大队，每队 50 人，深入重庆城乡各地，一面宣传全国抗日形势，一面配合宣传自己的“虎标”药品。当时，宣传大队队员每人都穿有“虎标”图案的服装，胸前挂着写有永安堂“虎标”抗日宣传队的彩带，有的队员还化装成老虎的样子，他们每到一处，先是表演宣传抗日的文艺节目，再发放抵制日货药品的宣传广告。队员们还为乡民治病，并赠送了大量的“虎标”药品。到 20 世纪 30 年代末，“虎标”药品在重庆完全取代了日本“仁丹”药品。胡文虎这种坚决抵制日货的行动，展现出一个爱国实业家应有的民族气节。

六、解放区火柴商标

抗日战争时期，“抵制日货，提倡国货”运动在解放区尤为浩大，解放区政府成立缉查监察队查禁日货，实业家也积极发展实业，生产国货，供应解放区军民生活用品。这是一场经济战，更是政治战。众多产品在解放区形成新的市场，为解放区生活、生产提供重要的物质保障。

从 20 世纪 40 年代至中华人民共和国成立前夕，在中国共产党领导下的各根据地和解放区政府，为了加强本地区商标管理，陆续颁布了一些商标法规。1944 年 5 月，为奖励工业生产，保护工业制造品的商标和牌号，晋察冀边区政府颁布了《晋察冀边区商品牌号专用登记办法》，对注册商标进行保护；1946年8月，晋冀鲁豫边区政府为了提高产品质量，抵制奢侈品、迷信品在市场的倾销，制定《晋冀鲁豫边区商标注册办法》，规定凡边区政府批准设立的企业，所用商标均须注册，其商标专用权受到法律的保护。苏皖边区政府于1946年5月20日颁布《苏皖边区商品商标注册暂行办法》。1947年2月11日，山东渤海解放区工商局制定《山东渤海工商局商标登记注册暂行办法》。1949年6月，华北人民政府颁布《华北区商标注册办法》和《华北区商标注册办法施行细则》。1949年7月18日，陕甘宁边区政府颁布《陕甘宁边区商标注册暂行办法》。

尽管保存下来的解放区商标存世不多，且印刷简单，但解放区商标等史料在研究和收藏领域有较高的价值。

1. “丰足”火柴商标

1937年春节，毛泽东同志与时任中共中央职工运动委员会书记邓发谈话时指出，解放区的火柴不能老是统称自来火，更不能称洋火，应该有自己的火柴商标。

邓发遵嘱请鲁艺几位美术工作者设计火柴商标图案，这些设计图案有的沿袭京津沪的老商标，缺乏新意；有的色彩复杂，因当地没有印刷条件，无法批量生产，都不尽如人意。之后，由鲁彦周、古元等人重新进行创意设计，一种是镰刀斧头，一种是战旗步枪，还有一种是延安宝塔山。周恩来同志审稿时认为，火柴是日常用品，其商标不宜过于政治化，可与当前开展的大生产运动结合起来，用最朴素的文字鼓励广大军民自力更生，奋发图强，并且建议商标取名为“丰足”。周恩来同志还作出指示，商标不仅具有实用性，还要有一定的艺术性，火柴走进千家万户，商标应该让群众喜闻乐见，雅俗共赏。定稿时，火柴商标主画面采用了两根麦穗，象征“丰衣足食”，背面图案的麦穗喻示“生产高潮”，并加上“发展生产，繁荣经济”的宣传语（见图 162）。

火柴商标正式面市后，《新华日报》当即刊发了题为《咱们的火柴》的短评，赞誉其“端庄朴实而又平易近人，通俗简易而又寓意深刻”。后来，毛泽东同志在会见美国记者埃德加·斯诺时，还特意向他赠送了两打“丰足”火柴。

“丰足”火柴当时的产量不多，加之战争年代极少有人保存下来，如今民间已很难见到。

2.“灯塔牌”火柴商标

创建于 1944 年的胶东龙华火柴公

图 162　整版“丰足”火柴商标（使用时间：1937—1948 年）

司位于山东解放区，最初规模很小，只有几个人。由于敌人不断侵扰，正常生产受到严重影响，职工处于边战斗边生产状态。1946 年底，该公司迁至掖县沙河镇，与私营济东火柴厂合并，规模扩大，人员增至 200 多人，能日产“灯塔牌”硫化磷火柴 240 件。“灯塔牌”商标正标为浩瀚的大海，一座灯塔巍然屹立，光芒四射，给黑暗中的行船者带来光明，生动形象地告喻在中国共产党的指引下，中国革命迎风破浪，排除万难，不断从胜利走向更大的胜利；背标“灯塔牌”三个字周围环绕着 14 颗五角星，熠熠生辉（见图 163）。

图 163 “灯塔牌”火柴商标（使用时间：1944—1948 年）

3.“解放”火柴商标

1946 年 9 月，济宁振业火柴公司与菏泽私营裕荷火柴公司合并，组建振裕火柴公司。该公司拥有技术工人

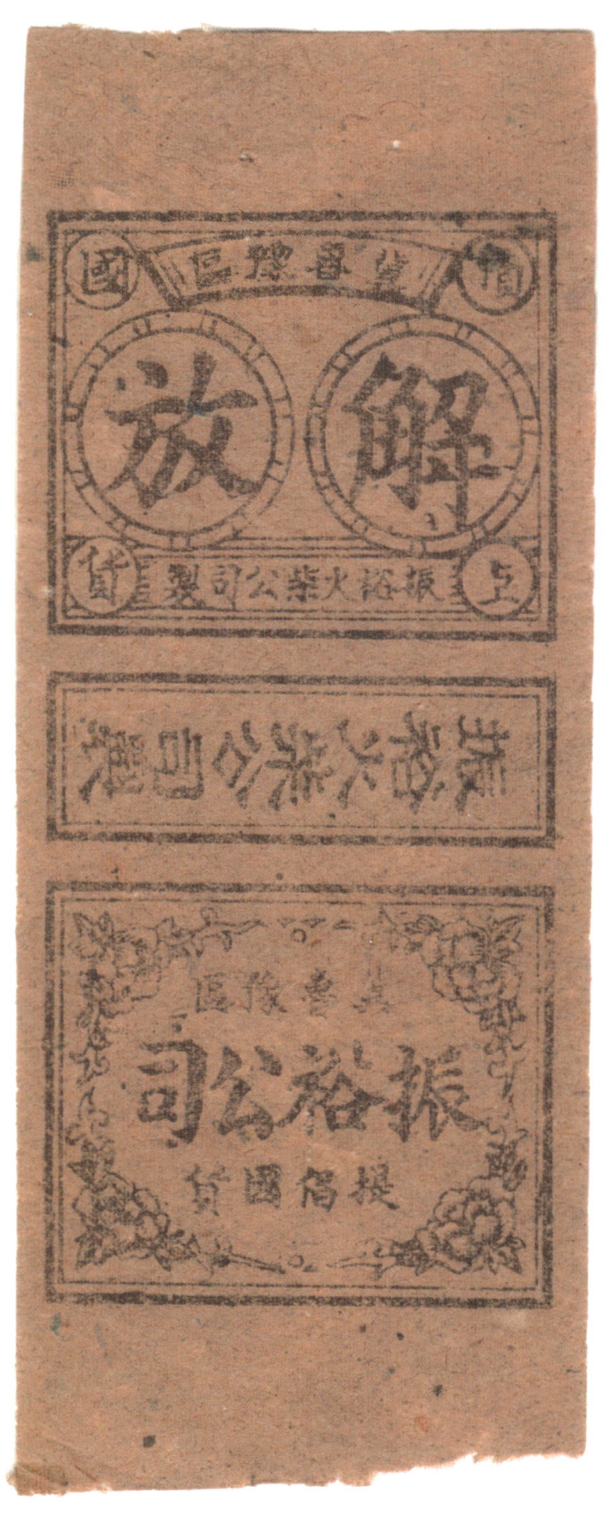

图 164　“解放”火柴商标（使用时间：1946—1948 年）

30 多人，日产 8—10 箱硫化磷火柴，商标使用原济宁振业火柴公司的“三光”“童旗”“解放”。1948 年 3 月，振裕火柴公司的私股全部退出，更名为振裕火柴厂，工厂搬迁到临清唐元村，有职工 150 人。如图 164 所示，“解放”火柴商标图案中标明“冀鲁豫区”“振裕火柴公司制”“提倡国货”等字样。

七、警示性标识

1. 王大生主人告白

繁华的上海滩是民族工业的重要中心，也是中国卷烟工业重要的发源地之一。1638 年，明崇祯帝下令，凡私有兜售“淡婆姑”（烟草）及售予外人者，不论多寡，均斩首示众。为此，上海地区曾一度禁止种植烟叶。以后，蓟辽总督洪承畴以“辽东戍卒，嗜此若命”为由，奏请崇祯帝开禁，烟草的禁令才得以解除。随着吸食卷烟风气渐行，许多烟丝作坊、烟铺敏锐地捕捉到这一变化，开始利用简单工具仿制机制卷烟，手工卷烟应运而生。1857—1867 年，上海王大生旱烟店、聚丰旱烟店先后开设多家分店。其间由于王大生紫玉秋烟号烟丝选材精良，在上海小有名气，于是遭到其他商家的仿冒。为了维护王大生紫玉秋烟号的声誉和利益，王大生于 1866 年 4 月 27 日作出警告告示。如图 165 所示，右

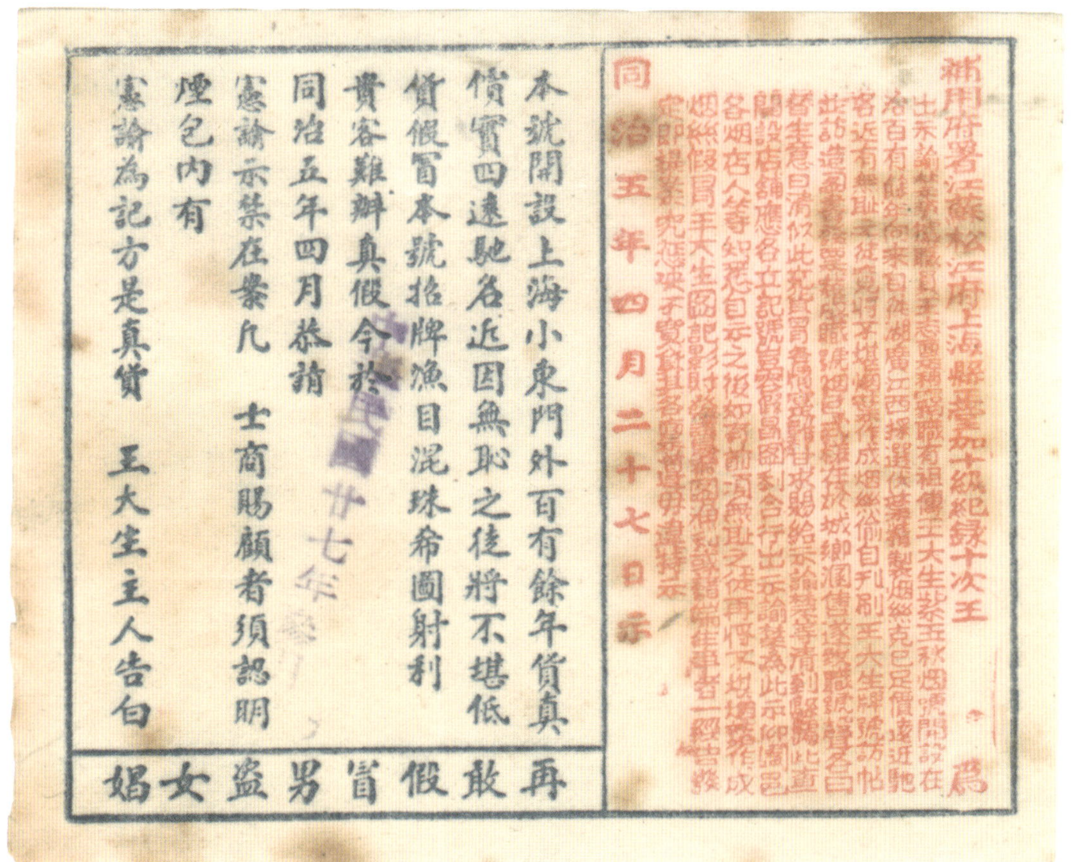

補用府署江蘇松江府上海縣正堂加十級紀錄十次王　爲

[illegible]

同治五年四月二十七日示

本號開設上海小東門外百有餘年貨真
價實四遠馳名近因無耻之徒將不堪低
貨假冒本號招牌魚目混珠希圖射利
貫客難辨真假今於
同治五年四月恭請
憲諭示禁在案凡　士商賜顧者須認明
煙包內有
憲諭爲記方是真貨　王大生主人告白

再敢假冒男盜女娼

图 165　王大生主人告白

侧红字部分为1866年4月27日王大生告示内容，左侧蓝字部分为1938年“王大生主人告白”内容，两则文字虽时隔七十余年，表达的内容基本相同。1938年“王大生主人告白”内容为：本号开设上海小东门外百有余年，货真价实，四远驰名，近因无耻之徒将不堪低货假冒本号招牌，鱼目混珠，希图射利，贵客难辨真假，今于同治五年四月恭请宪论示禁在案几，士商赐顾者须认明烟包内有宪论为记方是真货。王大生主人告白。

由于手工卷烟设备简单，成本低廉，所以在相当长的时间内手工卷烟和机制卷烟在市场上同时并存。但手工卷烟产量有限，难以与机制卷烟抗衡，经营难以兴旺。面对外烟侵占中国市场这一局面，有识之士奔走呼吁，倡导自行设厂制造卷烟。20世纪初，以轻工业为代表的民族资本主义工业开始出现在上海，上海民族机制卷烟工业开始崛起。至1927年，上海民族烟厂已由五卅运动前的14家猛增到182家，达到近代上海民族资本机制烟厂的高峰。王大生烟号没能延续同治年间的辉煌，一味停留在手工卷烟的低端制造上，生意也是惨淡至极。尽管如此，上海市面依旧有人仿冒王大生的品牌，王大生后人于1938年再次印刷告示，警告仿冒者“再敢假冒男盗女娼”。由于缺乏有效的法律保护机制，在七十余年的时间里，无奈的诅咒和漫骂似乎成了王大生紫玉秋烟号仅有的自我保护模式。渐渐地，王大生紫玉秋烟号消失了。

2. 警示性火柴商标

在清末民国初年，舞狮、舞龙图案的火柴商标特别受欢迎。1879年，广东巧明火柴厂创办，它是仅次于上海制造自来火局早期创办的民族火柴企业之一，使用舞龙图案商标。1880年，井上贞次郎在日本大阪开设了公益社生产火柴，1899年，井上贞次郎在日本以舞龙图案注册了“舞龙唛”商标。1908年巧明火柴厂因为经营问题停业，是年，该厂被利兴成黄寿铭买下，更名为巧明光记火柴厂。利兴成黄寿铭在收购巧明火柴厂之前就已经买下日本公益社的舞龙图和舞狮图两个商标，在中国销售日本火柴。收购巧明火柴厂后，巧明光记火柴厂生产舞龙图和舞狮图商标的火柴。1923 年中国第一部《商标法》颁布后，黄朝栋又以舞龙图注册“四人龙”商标，商标审定号为 4812（见图 166）。1925 年，日本人井上重造将舞龙图火柴商标在中国注册，注册号为第 4551 号（甲），并在舞龙图商标下面备注了“假冒舞龙唛男盗女娼”的字样（见图 167）。这样，相同图案的舞龙商标由黄朝栋和井上重造都在华注册。由于市场对该品牌接受程度较高，因此很多火柴厂家竞相模仿制造舞龙图案商标的火柴。在当时执法不严和违法不究的社会大环境下，商标拥有人为保障自身权益，在商标图案上加注“假冒舞狮

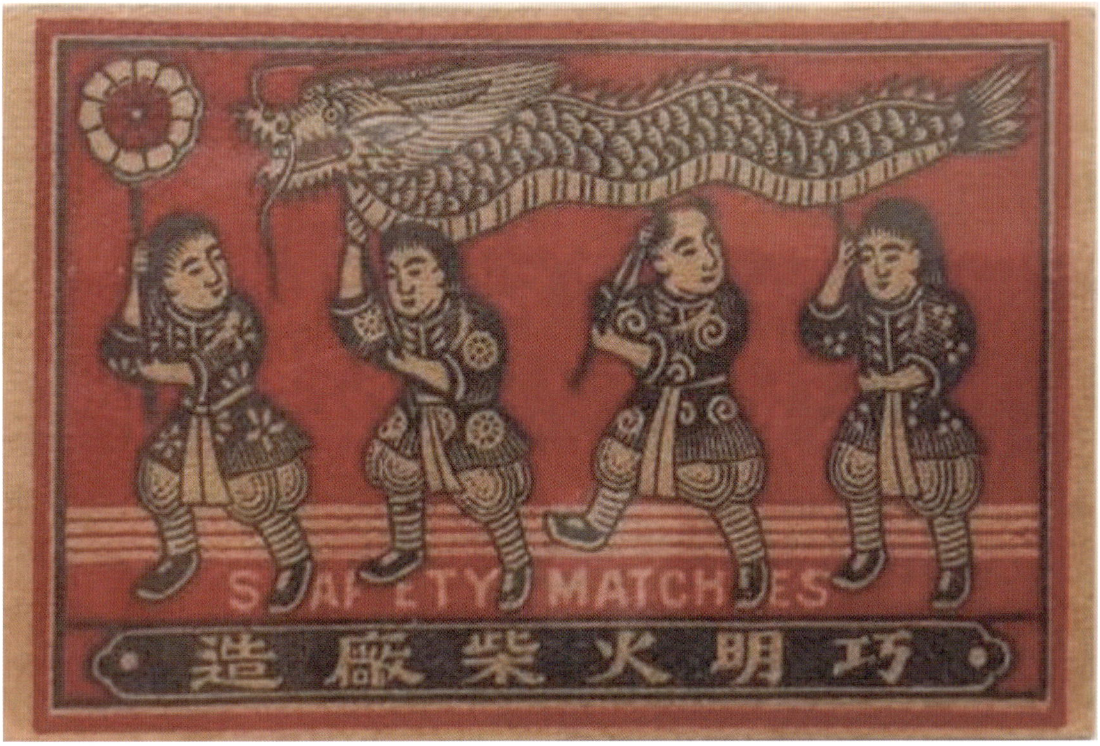

图 166　1923 年黄朝栋注册的“四人龙”商标

图 167 1925 年日商井上重造在华注册的舞龙图案火柴商标 8 连张

（龙）唛男盗女娼”（见图 168）这种字样作为警示假冒的手段，实属无奈。

3.“傍名牌”催生的商标

瑞生颜料厂为民国时期天津的一家生产颜料的工厂，1930—1931 年，该厂注册了多个商标，仅一个商标注册成功。究其原因，是因图案、构图等与德国大德颜料厂商标极其相似而被驳回。德国大德颜料厂为当时外资在华最有影响力的颜料企业之一，一些企业纷纷效仿其商标，瑞生颜料厂也不例外。由此可见，“傍名牌”不只是当代社会特

图 168　日商在华注册舞狮图案火柴商标，注册号为第 4564 号（甲），呈请人为井上重造，专用商品类别为第 53 类，专用期限自 1925 年 9 月 1 日至 1945 年 8 月 31 日，刊登于 1925 年第 43 期《商标公告》

有的商标侵权模式。瑞生颜料厂模仿德国大德颜料厂的商标图样注册商标，如“双塔”“人象”“三鹿”“四鹊”“双雁”等商标设计图均与德国大德颜料厂商标相似，提交后都被驳回。瑞生颜料厂的“天官”商标与德国大德颜料厂“天官”商标近似也未予注册，后改为“双官进禄”商标（见图 169），才注册成功。

图 169　1930 年瑞生颜料厂“双官进禄”注册商标

4. 商标上的防伪标签

1928 年，上海雷天一药行雷璧良在上海创制“六神水”，产品投放市场后极其畅销。因有不法商家仿冒，如图 170 所示，上海雷天一药行于 1940 年自行设计印制了凹版辨真证券，还做了防伪封条。

5. 因假冒商标引起的诉讼记载

在苏南工商档案里，笔者看到 1950 年有关苏州中南火柴厂和苏州鸿生火柴

图 170　上海雷天一药行于 1940 年自行设计印制的凹版辨真证券和防伪封条

公司一场官司的记载，起因是苏州中南火柴厂使用的“九宝”商标和苏州鸿生火柴公司使用的“宝塔”商标类似，误导了消费者。苏州鸿生火柴公司于1920年建厂，1930年并入大中华火柴公司，“宝塔”是大中华火柴公司1930年就开始使用的商标（见图171）。苏州中南火柴厂于1932年建厂，“九宝”商标于建厂后使用，时间晚于大中华火柴公司，作为在后使用商标，其与在先使用商标类似，构成对在先使用商标的仿冒。这场官司苏州中南火柴厂败诉，后来该厂使用了修改后的“九宝”商标（见图172）。

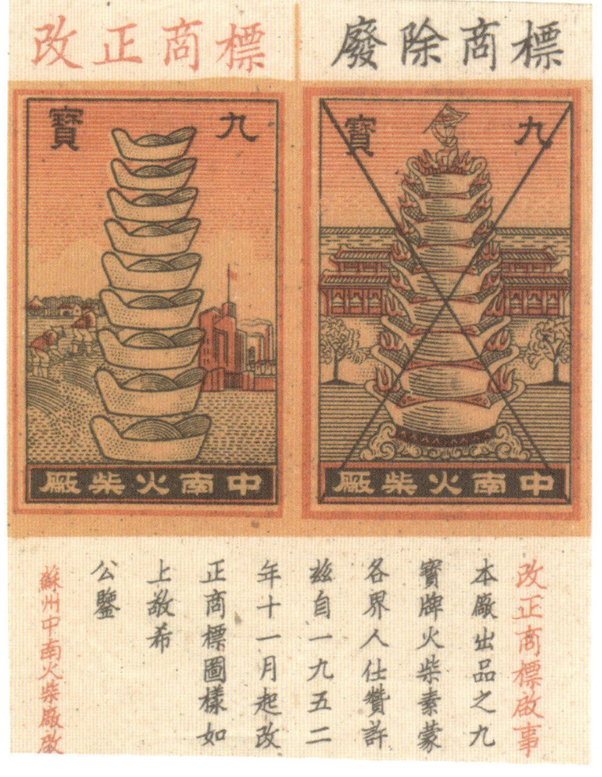

图171 | 图172　图171　大中华火柴公司的“宝塔”商标
图172　苏州中南火柴厂的“九宝”商标及改正商标和启示

八、民族资本企业商标

1. 清末实业家张謇和他的老商标

1895年8月，当时的两江总督、晚清四大中兴名臣之一、洋务派的代表张之洞爱才惜才，委派丁忧在家的南通状元张謇筹办纱厂。状元办厂，这在当时确实是一件轰动闾巷的事。在"学而优则仕"的传统社会里，商人的地位在当时被排在"九流"之末，这对张謇来说是个挑战。事情的结果是：南通的城市构建和张謇密不可分，他创立了20多家企业，涉及水利、能源、交通、金融等行业，甚至创办了银行、交易所、专门的贷款公司。秉承"实业救国，造福乡梓"使命的张謇使南通成为中国纺织工业的摇篮，他的伟大构想和远见卓识，使沉寂千年的南通焕发出耀目的光辉。不仅如此，张謇在兴办实业的同时，积极兴办教育和社会公益事业，比如大学、技术学校、幼儿园、老人院、博物馆等，完善社会结构。当年他创办的南通博物苑，是中国第一座公共博物馆，可以说是中国博物馆事业的发祥地，至今仍旧保护得很好，免费对外开放，可谓影响深远。张謇是中国民营企业家的先贤和楷模。

据统计，自中国近代以来至第一次世界大战爆发，国内19家华资纱厂中，18家失败而易主，而张謇创办的大生纱厂是唯一成功的华资企业。他坚守民族大义，有强烈的商标意识，1899—1926年，张謇创办的实业旗下使用和注册的商标数量仅次于荣氏家族。

大生纱厂商标　张謇取"天地之大德曰生"之意，为纱厂取名"大生"，并于1899年正式开工投产。从"大生"开办之时，大生一厂用的棉纱商标是"魁星"，分"红魁""蓝魁""绿魁"三种，二厂用"金魁"，三厂则用"彩魁"。之所以用"魁星"做商标，因为其能使人们联想到张謇的状元身份。最初设计"魁星"时，画师不知道魁星的模样，按照打鬼的钟馗形象来画，后做了一点小的变化，变成一手执笔、一手托砚的魁星形象，体现了"魁星点斗，独占鳌头”的寓意（见图173）。大生三厂也同时使用“老人桃”的商标（见图174）。二厂用的商标是“寿星”，图案是临摹张謇老友赵凤昌收藏的一幅画。这幅画被张謇偶然看中，念念不忘，央请老友临摹下来，才有了“寿星”商标。大生集团在商标的设计上，依照产品的类别、质量、制造厂家等加

图173 | 图174　图173　1925年大生第三纺织公司的注册商标“魁星”，注册号为5058，专用商品类别为第27类棉纱，刊登于1925年第49期《商标公报》

图174　1925年大生第三纺织公司的注册商标“老人桃”，注册号为5059，专用商品类别为第27类棉纱，刊登于1925年第49期《商标公报》

以区分，便于经销商和消费者识别。表 1 为至 20 世纪 30 年代初，大生集团注册商标一览，在众多商标中，突出“魁星”这个核心商标，代表大生独特的文化意象，同时也寄寓了在市场竞争中夺魁取胜的雄心壮志。

表 1　大生集团注册商标（至 20 世纪 30 年代初）一览表

序号	商标名称	所属厂	类别	序号	商标名称	所属厂	类别
1	“金寿星”	大生二厂	12 支粗纱	12	“团龙”	大生三厂	棉布
2	“彩寿星”	大生二厂	14 支粗纱	13	“双龙”	大生三厂	棉布
3	“轮船”	大生二厂	12 支粗纱	14	“狮子”	大生三厂	棉布
4	“寿鹿”	大生二厂	棉纱	15	“财神”	大生一厂	棉布
5	“三星魁星”	大生三厂	棉纱	16	“魁星”	大生一厂	棉布
6	“老人桃”	大生三厂	棉纱	17	“寿星”	大生一厂	棉布
7	“双鹿”	大生二厂	斜纹粗布	18	“三星”	大生一厂	棉布
8	“一品桃”	大生二厂	斜纹粗布	19	“电车”	大生一厂	棉布
9	“飞龙”	大生三厂	棉布	20	“孔雀”	大生一厂	棉布
10	“云龙”	大生三厂	棉布	21	“石榴”	大生一厂	棉布
11	“万年富贵”	大生三厂	棉织布品				

火柴商标　张謇创办的通燧火柴厂在中国火柴发展史上占有重要地位。当时的火柴叫“洋火”，基本靠从国外进口。在1886年的时候，中国人花一两白银，只能买十余盒小盒火柴。当时国内已经有了生产火柴的民族企业，张謇觉得南通也应该有自己的火柴企业，于是在1917年创建了通燧火柴厂。1927年该厂租赁给海门人习鉴清独资经营，更名为通燧振记火柴厂，1938年改为荣记火柴厂。抗战胜利后，又改名为振记火柴厂。通燧火柴厂生产的火柴有安全火柴和红头火柴两种，所用商标有“古钱”、“南通星球”、“狼山”（见图175）、“织女”、“长江”、“魁星”、“吉利”、“高桥”、“童利”、“格言”、“山

图175　通燧火柴厂“狼山”商标，1932年呈请注册，商标审定号为13345，刊登于1932年11月第69期《商标公报》

塔”、“国货”、“南通地球”、“鲸波”、“龙马”、“快船”和“麒麟”等，行销苏北各地以及南京、芜湖、安庆一带。

酒标　张謇于 1894 年在江苏海门常乐镇状元街西侧创办了“颐生酿造公司”，酿造“茵蔯”大曲酒（见图 176）。该酒以黏籽红高粱酿造的优质大曲酒为酒基，加入茵陈、佛手、红花、陈皮等十多种药草汁液，经半年以上酿造而成。与众不同的酿造工艺，铸就了颐生酒辉煌的历史。颐生酒 1904 年获得日本大阪万国博览会奖状，1906 年获意大利世博会金质奖，比 1915 年获世博会金奖的“茅台”“五粮液”还早了 9 年，是中国酒类第一个世博会金奖获得者。颐生酿造公司先后使用过“地球”、“帆船”（见图 177）等商标。

2. 南洋兄弟烟草有限公司与简氏兄弟

南洋兄弟烟草公司是我国民

图 176
图 177

图 176　20 世纪 20 年代颐生酿造公司生产的“茵蔯”大曲酒，其酒瓶木塞原封，里面还有一两酒，存世有百年历史

图 177　颐生酿造公司白酒注册商标“帆船”

族卷烟工业的代表之一，成立于香港，崛起于上海，在内挤外压的经营环境中，通过提倡国货运动并在社会爱国人士的大力支持下得以生存和发展，成为当时唯一可以与英美烟草公司相抗衡的民族卷烟企业。

20世纪初，面对洋货对中国市场的冲击，旅日华侨商人简照南和简玉阶萌发了“实业救国”的想法。1905年3月，“广东南洋烟草公司”创立于香港的鹅颈桥，为股份有限公司。简照南，1870年生，广东南海人，17岁时随叔父简铭石去香港经商，后在日本神户自设东盛泰商号；简玉阶是简照南的弟弟，比哥哥小5岁，1893年随兄去日本学习经商。广东南洋烟草公司资本为港币10万元，有卷烟机4台，于1906年正式投产，由于缺乏技术和经验，加之受到英美烟草公司的竞争与打压，资本亏蚀殆尽，于1908年清理拍卖。后得到叔父简铭石的支持，筹资港币13万元，于1909年2月继续营业，改名为“广东南洋兄弟烟草公司”，兄弟二人分别任总经理、副总经理，简家占据绝大多数股份，其中简照南、简玉阶兄弟占47%，另一兄弟简孔昭占47%。到1911年，广东南洋兄弟烟草公司开始由亏转盈。辛亥革命后，国货畅销，该公司向南洋推销产品获得了成功，业务蒸蒸日上，发展迅速。1916年，广东南洋兄弟烟草公司在上海设立分公司，年盈利高达百万元。1918年改上海分公司为总公司，有工人万余名。同年，该公司改名为“南洋兄弟烟草有限公司”，向北洋政府注册，额定资本500万元，将企业中心由香港移至上海。在此前后，英美烟草公司曾三次企图吞并南洋兄弟烟草有限公司，终因没达成协议而未遂。1919年，南洋兄弟烟草有限公司改组，向社会招股，扩大资本为1500万元港币，简氏家族仍以最大股东的地位控制着企业。这次改组后，公司有了新的发展，先后在上海、香港、汉口等地增设烟厂及开展印刷、造纸、制罐等业务，并在各地设烟叶收购厂和复烤厂。1921年，南洋兄弟烟草有限公司在武汉创建分公司，建立了办公楼——南洋大楼。随后，又建立了“中国南洋烟草股份有限公司汉口分公司制造部”（简称“南洋汉口卷烟厂”），因时局关系，到1934 年 8 月 1 日才正式开工生产，当年生产的第一个卷烟品牌是“千秋”。据记载，南洋汉口卷烟厂建立初期，仅有烟机 5 台，不久增至 10 台，每天生产 10 小时，月产卷烟 600 箱上下。

由于英美烟草公司加强了竞争，加之中外企业在纳税上不平等，中企高于外企，致使南洋兄弟烟草有限公司处于不利的地位。抗战全面爆发后，南洋兄弟烟草有限公司毁于上海“八·一三”炮火，公司业务中心逐步移至香港、重庆，并建立了南洋重庆卷烟厂。

清末至民国这段时期，南洋兄弟烟草有限公司使用过的商标超过百种，仅中国烟草博物馆里面展示的就有 48 种，其中包括金马牌、爱国牌、神童牌、银行牌、丽都牌、白金龙、羊牌、天门牌、多宝牌、黄金龙、红金龙、金斧牌、高塔牌、皇家牌、金鹿牌、福禄牌、和平牌、佛手牌、蝴蝶牌、光明牌、千秋牌、长城牌、七星牌、玉马牌、大联珠（见图 178）、白雀牌、新

图 178　1923 年，南洋兄弟烟草有限公司呈请注册的大联珠香烟商标，商标审定号为 50，专用商品类别为第 47 类烟草

百雀、兄弟牌、喜鹊牌、公爵牌、国王牌、熊牌等。

笔者与资深烟标收藏家戴伯春老师交流，又挖掘出南洋兄弟烟草有限公司曾经使用的商标如金钟牌、嘉禾牌、长乐牌、鸳鸯牌、相知牌、樱桃牌、黄鹤楼牌、钻石牌、凤尾草牌、白熊牌、南洋牌、统一牌、地球牌（见图179）、新爱国牌、大喜牌、宝塔牌、大富国牌、宝剑牌、八角牌、红七星牌、浴美牌、飞机牌、三喜牌、老白雀牌、花王牌、蟹美人牌、飞轮牌、大爱国牌、发财牌、画眉牌、九如牌、蟠桃牌、威尼斯牌、金字牌、金麒麟牌、大猫牌、锦标牌（见图180）、金城牌等。

中华人民共和国成立后，南洋兄弟烟草有限公司进行公私合营，企业改为公私合营南洋兄弟烟草公司，简玉阶先生出任副董事长，简照南之子简

图179　南洋兄弟烟草有限公司的注册商标“地球”，注册号为22，商标专用期限为1923年11月14日至1943年11月13日

图 180 南洋兄弟烟草有限公司的“锦标”烟标，呈请文第 5084 号，于 1928 年 9 月 27 日到局，商标审定号为 993，专用商品类别为第 47 类烟草，商标公告日期为 1928 年 11 月 15 日，呈请人为简玉阶

日林被聘任为总经理。1953 年，南洋重庆卷烟厂进一步整合壮大，1968 年更名为重庆卷烟厂；1960 年，南洋汉口卷烟厂经过整合后更名为武汉卷烟厂；南洋广州卷烟厂更名为广州卷烟二厂，中国烟草的“南洋血脉”得以延续，并在新的历史时期获得了极大发展，南洋兄弟“实业救国”、振兴民族工业的理想与抱负也才真正得以实现。

国运昌隆，是民族工业立足、强身之本，企业才能强盛。南洋兄弟烟草有限公司的前世今生就是最好的印证。

3. 刘国钧与他的大成纺织染公司

常州大成纺织染公司是刘国钧创办的，它的前身是常州大纶机器织布厂。1916年，刘国钧与盟兄蒋盘发筹集9万元创办了大纶机器织布厂，经营4年，获利20万元。1919年10月又集资62万元，在江苏常州购地建厂，将大纶机器织布厂迁入，于1921年开始生产，并更名大纶纱厂，职工有上千人。当时正值“一战”，帝国主义无暇顾及中国市场，国内的纱厂处于发展良机。但时局变化很快，“一战”结束后，帝国主义卷土重来，大纶纱厂因英镑升值负债在前，接着因地方封建势力阻挠，造成资金短缺，继而洋货倾销，大纶纱厂经营不善，落到破产的境地。最初，大纶纱厂用以抵债转让给上海商人经营，改为大纶久记纺织公司，股金增至75万元，终因经营乏策，于1925年又由上海保大银行接办，再改厂名为大纶利记纺织公司，后又易手，但都无力回天。1928年，大纶利记纺织公司决定盘卖。1930年2月16日，刘国钧以50万元买下大纶利记纺织公司，更名为常州大成纺织染公司，公司下设大成一厂和大成二厂。由于获利丰厚，公司注册资本增至140万元，1933年又增资80万元，注册资本扩为220万元。1936年，刘国钧筹资建造大成三厂，同年投资武昌震寰纱厂，改名大成四厂。

1938年2月，日本丰田纱厂经营大成一厂。同年，刘国钧等人在上海中华书局印刷厂旧址投资开办安达纱厂，于9月开工。1939年，公司在四川重庆北碚三峡染织厂旧址建立大明染织厂。受战争影响，安达纱厂和大明染织厂都停工了。1945年8月，日本无条件投降的消息传来，刘国钧欣喜若狂，随即赶回上海，迅速筹集复厂复工需要的物资，在短期内恢复了生产。经过两年的努力，公司库存原棉、机物料、成品、流动资金等均超战前水平。常州大成纺织染公司使用的棉布商标有“蝶球”（见图181）、“飞熊”、“太少狮”等7种，纱布商标有“六鹤”（见图182）、“金八益”、“彩八益”、“鹤鼎”、“刘海”、“征东”、“英雄”等。

图 181 | 图 182　图 181　常州大成纺织染公司于 1930 年开始使用的“蝶球”商标

图 182　1930 年常州大成纺织染公司的注册商标“六鹤”，商标审定号为 6396，专用商品类别为第 27 类棉纱

4. 周学熙与华新纺织有限公司

1916 年，周学熙和周学辉创办的华新纺织有限公司在农商部注册，并计划在天津、青岛、郑州、石家庄、通州等地设立纱厂。自华新纺织有限公司津厂 1919 年 1 月正式开业，短短四年中就获利 413 万元。华新纺织有限公司津厂拥有注册商标“福禄寿考”，商标颜色分彩色、红色、蓝色、黄色、紫色共五种，现存世彩色、红色、蓝色三种商

标（见图 183）。在该厂带动下，天津又相继有裕元、裕大、恒元、宝成、北洋等纱厂问世，这些纱厂成为天津纺织工业的基础。1919 年底，青岛华新纺织有限公司建成开工。青岛华新纺织有限公司是周学熙和周学辉投资最大、获利最丰的纺织企业。1924 年，青岛华新纺织有限公司最先注册“五子登科”棉纱商标，专用商品类别为第 27 类棉纱，商标审定号为 693，呈请人是周学辉和李士熙，商标颜色分红、蓝、绿、紫四种。经过苦心经营，到 1937 年“七七事变”前，青岛华新纺织有限公司已拥有纱锭 5 万枚、布机 500 台和全套印染设备，成为当时我国华北地区最大的棉纺织全能企业。

1936 年，青岛华新纺织有限公司研制出类似德国 190 号阴丹士林布，取名

图 183 华新纺织有限公司注册商标“福禄寿考”，现存世有彩色、红色、蓝色三种，呈请人是华新纺织有限公司津厂周学辉和李士熙，商标审定号为 700，专用商品类别为第 27 类棉纱，商标信息刊登于 1924 年 4 月 30 日第 9 期《商标公报》

“爱国蓝”，成为市场上的抢手货。

上海信和纱厂是周学熙之子周志俊于 1937 年创办的，在香港注册，厂址在上海莫干山路 50 号。“五子登科”“多宝”为青岛华新纺织有限公司和上海信和纱厂共同使用的商标。华新纺织有限公司使用的商标还有“松鹿”“九鱼牌”“双牛”等。

5. 刘鸿生的火柴世界

刘鸿生，浙江定海（今舟山）人，出生于上海，中国近代著名爱国实业家，以经营开滦煤炭起家，后投资火柴、水泥、毛纺织等，被誉为“火柴大王”和“毛纺织大王”，创立了近代中国数一数二的民族企业集团。1956 年公私合营时，刘鸿生是当时中国仅次于荣氏家族的企业家。

1920 年 1 月，刘鸿生走上实业救国的道路，从开滦煤矿买办转为创办实业，在苏州建立华商鸿生火柴有限公司。鸿生火柴有限公司的“火炉”商标如图 184 所示。在当时，仅凭股本 12

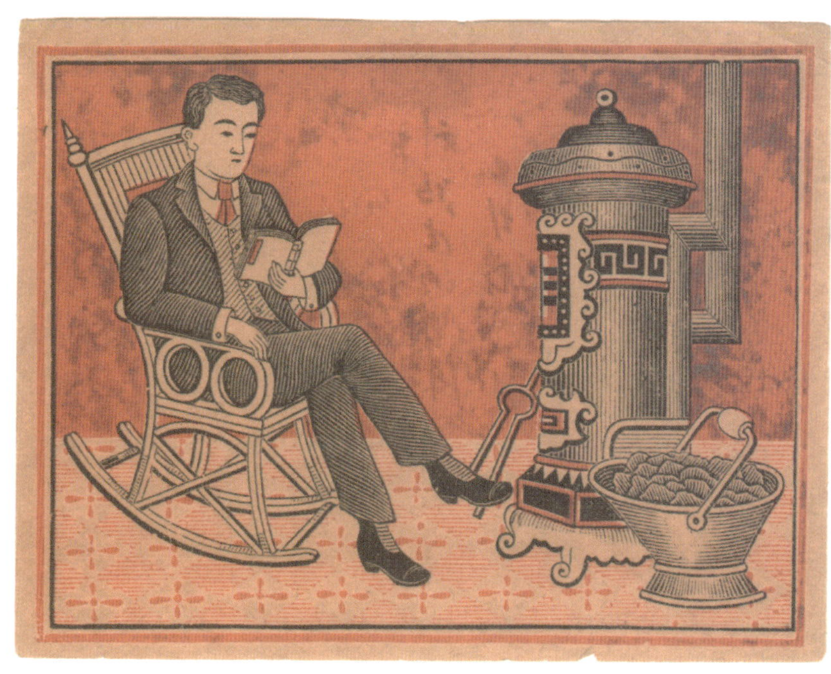

图 184　鸿生火柴有限公司登记备案的“火炉”商标，图案取自刘鸿生在火炉旁读书的场景。1924 年该商标呈请注册，商标审定号为 974，地址为上海四川路 3 号，厂设苏州，商标信息刊登于 1924 年 6 月第 12 期《商标公报》

万元的小小鸿生火柴厂难以与洋火抗衡。于是，刘鸿生提出同业合并、厚集资金、协力图存的倡议，说服上海荧昌火柴厂和周浦中华火柴厂两家民族企业，于1930年7月合建大中华火柴公司，资本总额一下子扩大为191万元，刘鸿生亲任总经理。三厂合并后，资力雄厚，销路扩大。1931年起大中华火柴公司又先后并购九江裕生厂、汉口燮昌厂、镇江荧昌厂、杭州光华厂和浦东东沟梗片厂，资本增至365万元，年产火柴15万箱，成为当时全国规模最大的民族火柴企业之一。刘鸿生的大中华火柴公司生产的火柴同洋火展开激烈竞争，打破了洋火一统中国的局面，大长了中国人志气，他因此赢得了“火柴大王”的美称，成为我国历史上享誉海内外的工商界旗帜性人物。

抗战期间，上海市民积极拥护抗日，刘鸿生就在大中华火柴公司金鼠火柴商标上印制“请用上等国产火柴”（见图185），一时间，广大爱国人士纷

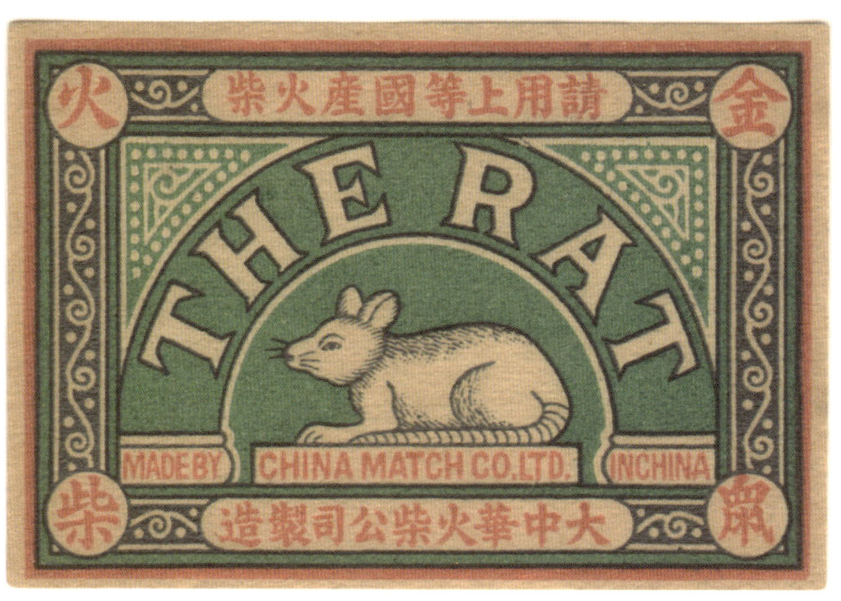

图185　大中华火柴公司“金鼠”商标，专用商品类别为第53类，商标审定号为12467，商标信息刊登于1932年7月第65期《商标公报》

纷购买国产火柴，抵制洋货。

1933 年 5 月，寄托着中华民族的厚望，由大中华火柴公司生产的“飞轮”“金鸡”“金鼠”“仙鹤”“五蝠”“双斧”等品牌火柴远渡重洋，国产火柴争奇斗艳地亮相芝加哥世博会，大中华火柴公司名扬海外。从此，大中华火柴公司与其生产的国货火柴成为我国民族工业的象征。

中华人民共和国成立后，大中华火柴公司与上海的荧昌分厂整合并入上海华光火柴厂。1966 年，上海华光火柴厂更名为上海火柴厂，生产各种高档火柴，并出口创汇，成为中国火柴龙头企业。

6. 达丰染织 “中国首创漂染工场”

王启宇（1883—1965），字志正，浙江宁波府定海县白泉乡人，中国印染业的著名甬商。20 世纪初，他来上海发展，因不甘布匹都是依赖外国进口而立志振兴民族工业。一天，他有幸在朋友崔福庄处看到一本有关丝光印染的书籍，立即借来昼夜研读。在极其困难的条件下（一无技术人员，二无设备，三无厂房），王启宇毅然决定：要攻克印染技术难关，创办中国印染企业，与洋人一比高低。1911 年，由王启宇、崔福庄发起，邀请蒋仰山、余葆三合伙，投资 4000 银两，购置染缸和简易设备；1913 年，王启宇又邀请吴永坤、严祝三集资 2.7 万银两，在上海虹口塘山路创办达丰染织厂，自任经理，专营丝光线染色。建厂之初，厂房、设备简陋，员工不足百人，王启宇硬是凭着自己的悟性，刻苦钻研丝光染色工艺，终于获得成功。从此，首家由中国人自己生产经营的染织厂在洋人云集的上海滩诞生，其产品推向市场后，很受国人喜爱，购买者众多。1915 年，国民政府农商部举办国货展览会，达丰染织厂送展的染织产品荣获二等奖。

1920 年，王启宇的工厂越办越成功，他深感染织产品利润高、销路广、工艺流程短、资金周转快，是兴办实业的最佳途径。同年春，经过深思熟虑之后，他和同行又在曹家渡北岸西光复路购买 40 亩地，组建达丰染织厂股份有限公司，建造厂房、职员宿舍，添置设备，购置世界一流的染织机器设备，重金聘请外国专家任工程师，同时培养国内技术骨干人才，开始生产中国第一代机器染织棉布。1921年厂房落成时，在工厂大门口用醒目大字书写“中国首创漂染工场”。这是由中国人自己生产经营的首家机器染织厂，是集自纺、自织、自染、自漂、自印花、自整理于一体、完全国货的染织厂。由于达丰染织厂采用机器染色，产品稳定、质量较好，在市场上十分抢手。1921年，王启宇又在上海光复西路1185号创办振泰纱厂。1929年，达丰、振泰两厂从盈利中抽出30万银两，在宝山顾村购地40亩，建造宝兴纱厂。1933年，王启宇以8万元在康脑脱路（现康定路）1299弄61号购进天福绸厂，更名大纬绸厂，后再更名大纬染织厂。1935年10月，中华总商会为鼓励国货向海外发展，特举行“国货展览推销大会”，达丰染织厂送展的“孔雀图”棉织布匹荣获优等奖。由于达丰染织产品名副其实且价廉质优，外商纷纷前来订货，产品行销南洋等地。

王启宇十分重视企业品牌和影响，达丰染织厂先后出品十二种品牌，遍及所有纺织布匹品种，并在产品的商标与广告上狠下功夫。如达丰染织厂的商标设计都选择吉祥富贵图案，极具传统民族文化特色，并聘请名画家绘制，精美无比。由于注重质量，独树品牌，达丰染织厂在上海名声大振，多次获得政府奖励和国货证书。其中“名利图”产品取代了日商名牌“四君子”产品；“双童”产品打破了英商公平洋行产品的垄断；“一品图”印花产品畅销大江南北；“孔雀图”阴丹士林蓝布打开了川帮的销路，抵制了德孚洋行“晴雨”商标的阴丹士林布。达丰染织厂使用过的商标还有“九子得利”“送子图”“财神送宝”“七子闹元宵”“五子高升”“三星高照”“四喜图”“进宝图”（见图186、图187）等。

因成功创建民族企业上海达丰染织厂、首创中国机器印染业，王启宇成为我国机器印染业的先驱。他以特有的悟性、非凡的经营能力和拳拳爱国之心，在中国近现代工业发展史上留下了不可

图 186 | 图 187 图 186 1925 年，达丰染织厂呈请注册“四喜图”商标，专用商品类别为第 31 类，商标注册号为 529，商标审定号为 2602，呈请人为王启宇

图 187 1928 年 11 月 20 日，达丰染织厂王启宇呈请注册“进宝图”商标，专用商品类别为第 31 类，商标注册号为 5153，商标审定号为 1261，商标信息刊登于 1929 年第 11 期《商标公报》

磨灭的篇章。

7. 郭氏兄弟与永安纺织

永安公司，中国近代最大的百货公司，商业老字号之一，由华侨郭乐、郭顺等人创办。1907 年永安公司在香港设立。1918 年上海永安公司开业，确立以经营环球百货为主的经营方针，并附设旅馆、酒楼、茶室、游乐场及银业部，后陆续在英、美、日等国设办庄采办百货，组织土特产出口。至 20 世纪 30 年代，永安公司跃居上海四大百货公司（先施、永安、新新、大新）之首，在世界享有良好声誉。永安公司在管理上重视进货和资本积累，讲究经营和服务，以“顾客永远是对的”为信条，并重视销售国货。永安百货公司与永安纺

织公司等共同构成永安资本集团。

在上海市南京路627号的上海永安纺织公司是由郭氏兄弟建立的近代棉纺织印染企业的集团公司。郭氏兄弟以永安商业资本为基础，在1920年冬发起创建永安纺织公司第一纱厂（简称永安一厂）的“集侨资，办企业”活动。1921年筹得资金600万港元，在杨树浦购地13亩造厂房，并向美商慎昌洋行购纺织设备3.07万锭，1922年5月纺织设备运抵并安装，9月中旬开工生产；1922年底购英国狄更生布机510台。1925年前后，上海棉纺同业受到日商棉纱低价倾销和棉花提价的影响，亏损巨大。永安一厂一方面采取联号资金协助和各地分庄销售等措施，另一方面在企业内部加强管理，降低成本，使其产品仍有一定的利润，1925年的账面利润为60万元。郭氏兄弟为了形成规模效益，还进行兼并活动。1925年1月，以白银159万两的优惠价格购进上海大中华纱厂，收购后改名为永安二厂，产品以细支纱、双股和三股线、丝光线等为主，并和永安一厂生产的低支纱互相配套，以增强市场竞争力。此后，郭氏兄弟购新机310台，扩充永安一厂，使布机增至1070台。1928年4月兼并鸿裕纱厂，改为永安三厂，同时扩建厂房，新增英国拨拉脱纱锭2.44万枚，使永安三厂的棉纱品质很快达到永安一厂、二厂的水平。1928年，在吴淞永安二厂旁新建6万锭的纺细支纱的永安四厂，1930年安装完成，同时将二厂的细支纱机调至四厂，使之成为适纺细支纱的新型纱厂。1933年，纬通纱厂全部盘股予永安纺织公司，改名为永安五厂。1933年，永安纺织公司投资140万元，从英国购买漂染整理机器两百余台，在永安一厂增建印染厂，取名大华印染厂，于1935年建成投产，其印染产品形成特色，行销国内和东南亚等地。

1946年9月9日，上海证券交易所开始华股交易，永安纺织公司亦申请上市，股数为4000万股，占公司总股数的1/3；1947年7月后，上市股数占总股数的2/3，被上海证券市场称为“华股之王”。

至1949年初，郭氏兄弟先后设立

永安一厂、二厂、三厂、四厂、五厂及印染厂等，拥有纱锭20.36万枚，布机1544台、印染机236台，年产棉纱7.81万件、棉布89.18万匹，印染布93.6万匹，拥有地产576亩、厂房面积约27.9万平方米、仓库面积约23.2万平方米、职工11000人。在我国民族棉纺织工业中，永安纺织公司的规模、资产、职工数等方面仅次于申新纺织公司。永安纺织公司使用的商标有“金城”、“大鹏”、“嘉禾”（见图188）、“永安”、“上海”等。

图188　永安纺织公司嘉禾牌商标，1932年11月4日呈请注册，专用商品类别为第27类棉纱，商标审定号为14434，商标信息刊登于1933年3月15日第73期《商标公报》

九、商标印刷模版

商标印刷模版用于将商标图案印到纸张上，按照印刷模版种类可分为凹版、凸版、平版、丝网等，材料有木材、石材和金属等。如图 189 所示，这块商标印刷模版是金属材质的；如图 190 所示，这块商标印刷模版是木刻的。商标印刷模版通常都有使用寿命，印制到一定数量就得报废，因此能保留下来的民国时期商标印刷模版很少。

图 189 | 图 190　图 189　“长寿”商标金属印刷模版
图 190　“庆长泉”商标木制印刷模版

十、商品质保承诺标贴

1.“永不退色”——上海达丰染织厂的承诺

王启宇创办上海达丰染织厂后，凭着自己的悟性，刻苦钻研丝光染色工艺，终于获得成功，产品很受国人喜爱，购买者众多。如图 191 所示，这枚上海达丰染织厂的商品质保承诺标贴表达了三个含义：首先是“中国首创”；其次展现了“孔雀图”，这是上海达丰染织厂的商标；最后是用一个万字符做标记，承诺“凡本厂所出不退色之布匹，布边上均有此万字商标及永不退色四字为记”。

2. 洗晒保单

内外棉厂是上海第一印染厂的前身。1902 年，日本纺织业第一次在华投

图 191　上海达丰染织厂“永不退色”商品质保承诺标贴

资设立棉纺织厂，即内外棉厂，其使用的商标为“四君子”“水月”等。1945年抗战胜利后，工厂被国民政府经济部接收，1946年改为中国纺织建设公司上海第一印染厂；1950年更名为华东纺织管理局国营上海第一印染厂。如图192所示的内外棉厂“洗晒保单”，其不仅保证质量，即“日晒皂洗色泽不退”“经久耐穿鲜明常新”，并且对售后做出承诺，即“内外绵出品洗晒包不退色”，“如经洗晒之后而颜色退落者”，“于购货后六个月内可向内外绵担保掉换”等。

图192 内外棉厂的“洗晒保单”

十一、中华老字号商标

1. 采芝斋

苏州采芝斋创始于1870年，由金荫芝在苏州观前街设店起家，至今有150多年历史，是商务部认定的“中华老字号”企业。

清同治九年（1870），河南人金荫芝在苏州观前街洙泗巷口设摊，当众熬糖、剪糖、卖糖，现做现卖粽子糖，但当时并无正式招牌。金荫芝受端午节时插在竹筷上的粽子启发，发明了“粽子糖”，成为苏州采芝斋最早的苏式糖果。光绪十年（1884），金荫芝租用“采芝斋”古董店门面，并继续沿用古董店的牌号，首次定名为“采芝斋糖果店”。经过十多年的经营，采芝斋苏式糖果除自产自销外，还增加了炒货、蜜饯。随后，金荫芝又将店面扩大，使采芝斋糖果店初具规模。光绪年间，慈禧生病，经宫内太医久治无效后，服用了具药理功效的采芝斋贝母糖好转，慈禧当即把采芝斋糖果列为贡糖。自此，采芝斋糖果声名鹊起，并有了“半爿药材店”的说法。经过不断研究、改进和开发，采芝斋日渐形成富有民族和地方特色的苏式糖果风格。

1932年11月19日，采芝斋金易安将“采芝图”注册商标（见图193），商标由商号和仙翁采灵芝图组成，左右备注“只此苏城一家，别埠并无分出”，说明采芝斋是独家经营店铺，其他均为仿冒。1933年，“采芝图”商标获准注

图193 采芝斋号“采芝图”商标

册，商标注册证号为22519号。由于商标注册证遗失，1948年商标局又补发“采芝图”商标注册证（见图194）。

中华人民共和国成立后，尤其是改革开放后，经技术革新采芝斋又得到长足发展。1983年，采芝斋的苏式糖果荣获江苏省商业厅名特优食品证书。1985年，采芝斋重新注册了“采芝图”等商标，2000年起，又陆续注册了“采芝斋”“采芝仙翁”“苏州采芝斋”等商标。现在的采芝斋产品分为苏式糖果、苏式糕点、苏式炒货、苏式蜜饯、苏式咸味五大类，三百多个品种，有一千多种包装，其中松仁糖、粽子糖、

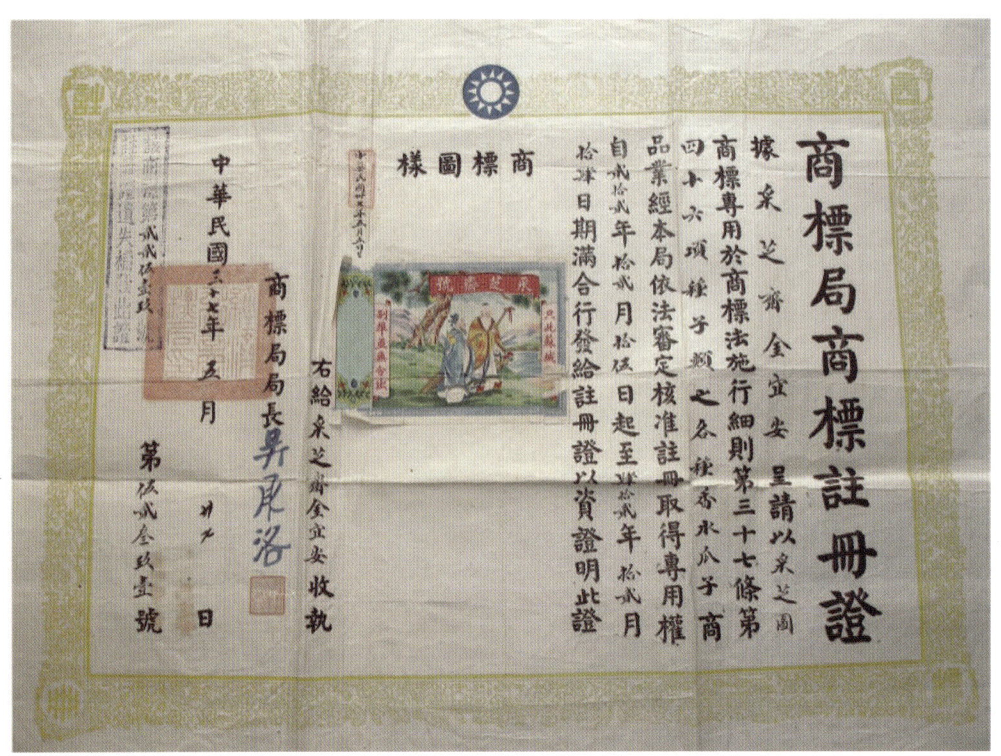
商標局商標註冊證

據采芝齋金宜安呈請以采芝圖商標專用於商標法施行細則第三十七條第四十六項種子類之各種香水瓜子商品業經本局依法審定核准註冊取得專用權自貳拾貳年拾貳月拾伍日起至肆拾貳年拾貳月拾肆日期滿合行發給註冊證以資證明此證

商標圖樣

右給采芝齋金宜安收執

商標局局長

中華民國三十七年五月 日

第伍貳叁玖壹號

图194　由于1933年采芝斋22519号“采芝图”商标注册证遗失，1948年商标局又补发采芝斋“采芝图”商标注册证，新的商标注册证号为52391，专用权限依旧是1933年12月15日至1953年12月14日

虾籽鲞鱼、虾籽酱油、枣蓉麻饼、芝麻酥糖、桃酥、杏仁酥等成为家喻户晓的苏州特产。

2.“潘万成”酱园

酱园，一个很接地气又充满着人间烟火的名字，虽然它消失在我们的视野中许久了，但依旧会有很多老苏州人记得“酱园”，曾经制作、销售小菜、酱油、米酒、腐乳的作坊，它的味道弥漫在苏州的大街小巷。清乾嘉年间，苏州工商业兴起，尤以酱业为最盛。苏州历史上究竟有多少家酱园，没人能说得清楚。清末至民国时期，苏州的酱业商号遍布全城，仅潘世恩家族就有 12 家酱园之多。据《苏州沧浪区志》记载，民国时期，苏州有名的酱园有“万康”酱园、“大有福”酱园、“顾得其”酱园、“同丰润”酱园、“潘恒泰兴”酱园、“潘万成”酱园、“瑞泰”酱园、“裕仁和”酱园等。

“潘万成”酱园的具体创办时间无从考证，但可以肯定的是，它比创办于 1714 年的“玉堂”酱园要早。“玉堂”酱园，是鲁西南地区唯一的“中华老字号”企业，和苏州的“潘万成”酱园有着千丝万缕的联系。“玉堂”酱园始建于 1714 年，创始人是苏州人戴阿大，他是运河上的船户，常常从苏州带些“潘万成”酱园的酱菜到济宁卖，十分畅销，于是戴阿大就自己开了家酱园，并取了个店号：姑苏玉堂酱园。至今，“玉堂”酱园已有三百多年的历史，仍红红火火。应该说，“潘万成”酱园是“玉堂”酱园的根。由此，“潘万成”酱园的兴衰，直至消失在人们的视野中，更加令人叹息。

清乾隆五十八年（1793），潘世恩高中状元后，苏州酱园业迎来全盛的 100 年。“苏城两家潘，占城一大半”，说的就是潘家酱园业兴盛的场景，“两家潘”是指：拥有 9 家酱园的“南石子街潘”潘岁可；拥有 12 家酱园的“庙堂巷潘”潘世恩。其中，“潘万成”酱园的成功不是偶然的。首先，潘家的盐商身份是其得天独厚的优势，在产品成本上优人一等；其次，赶上了苏州在明清时期经济发展的大潮，尤其在清代，苏州是中国乃至世界最富庶的城市之一，手工业发达，物产行销各地；再次，选址正确，择运河边的横塘，开设“潘万成”总店，待其成熟后，再扩大经营规模，稳扎稳打，逐步成长壮大。横塘占据大运河的地理优势，在陆运不发达的年代，运输主要靠水路，苏州横塘是南来北往的交通要冲，从杭州北上镇江、南京、扬州，入山东、河北到京城，都会选择在横塘歇脚停留。客流就是商机，酱菜体积小，携带方便，又是苏州有名的特产，“潘万成”在横塘的产销两旺是必然的。据《横塘镇志》可知，“潘万成”酱园建于清代，内设接驾亭，乾隆皇帝曾驾幸过，作坊规模甚大，内设酒作、酱作、糟作、米作、豆作，在苏州开设16家分店。清末民初酱园招贴如图195所示。

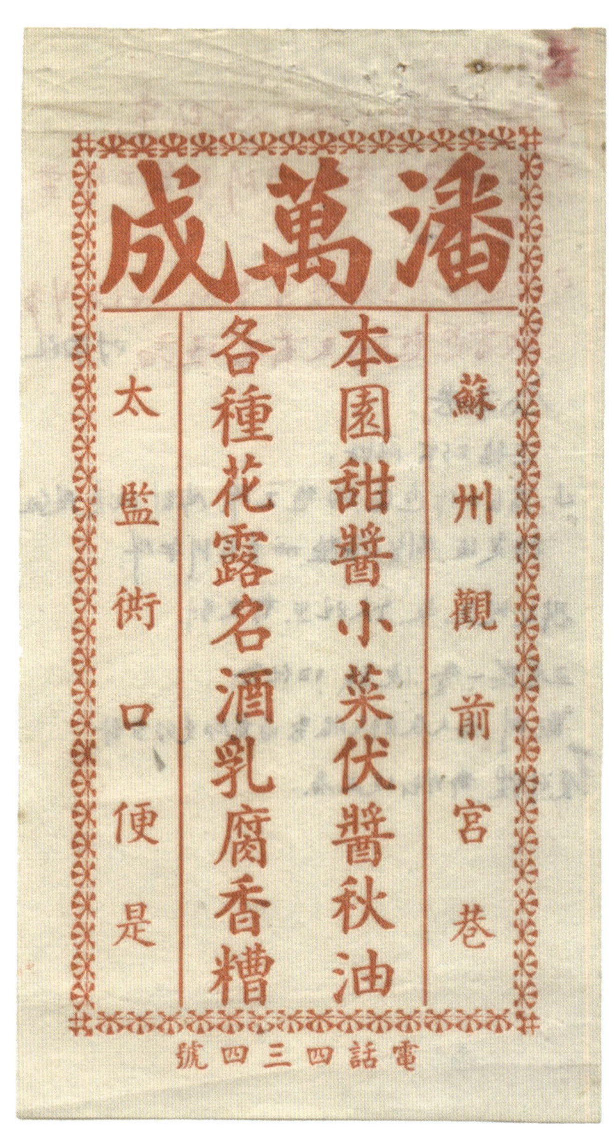

图195　清末民初苏州“潘万成”酱园招贴

中华人民共和国成立后，“瑞泰”“裕仁和”“潘万成”等老字号在1956年归并苏州土特产公司。时代变迁，“潘万成”酱园像梦幻一般消失在人们的视野中，仅凭残存的记忆和点点滴滴的资料时刻提醒我们，拂去历史的尘埃，搜寻“潘万成”背后的精彩故事，重塑“潘万成”酱园昔日的芳华。

3. 恒源祥的“皇后牌”

恒源祥，创始人沈莱舟（苏州吴县人）。1910年，沈莱舟从苏州来到上海，1925年进英商德记洋行当跑街，积累了经商经验。1927年，沈莱舟与他人合作在上海福州路开设“恒源祥人造丝毛绒线号”，最早是以生产经营绒线为主的企业。“恒源祥”取自清代著名书法家赵之谦所书“恒罗百货，源发千祥”的对联，寓意“恒”古长青、“源”远流长和吉“祥”如意。1935年，“恒源祥”迁至金陵东路，装饰一新的“恒源祥”换上了“恒源祥公记号绒线店”招牌，批发兼零售，成为当时绒线业大户。沈莱舟凭着多年的经商经验和人脉，生意日益兴旺，他先后与他人合资开办上海裕民毛纺厂、恒源祥公记染织厂、恒源祥织布厂等。“地球牌”“双洋牌”就是上海裕民毛纺厂使用过的商标，“皇后牌”为恒源祥公记染织厂的商标（见图196）。

图196 恒源祥公记染织厂于1935年使用的商标“皇后牌”

十二、含有商品广告宣传词的商标

1. 上海永和实业有限公司“月里嫦娥牌”商标

近代开埠之后，被称作“东方巴黎”的上海逐渐发展为中国最大的通商贸易口岸，各色各样的货物开始大量进入上海，它们在影响着人们日常生活之时，也冲击着上海旧有的行业，其中洋货化妆品的传入，就使得上海原有的香粉业逐渐被淘汰。一些有识之士开始建设厂房，购置机器，仿照洋货，自行制造国货化妆品，月里嫦娥牌、双妹牌、雅霜牌、友谊牌、百雀羚牌等国货品牌应运而生。

上海永和实业有限公司成立于1918年，由江苏江阴人叶钟廷、叶翔廷兄弟集资300两白银所创办，厂址设在上海南市新北门积善寺街大康里。叶氏兄弟早年在上海销售欧美、日本产品，创办有“德余号西洋庄”和“昌盛号东洋庄”，从事日用杂货批发、零售业务。20世纪初，国人多次掀起“抵制洋货，使用国货”的爱国热潮，从而促使叶氏兄弟投资实业、发展国货。初期，上海永和实业有限公司曾因陆续生产“月里嫦娥牌”牙粉、牙膏、爽身粉、香粉、香皂和香水等系列日用品而闻名于世，其产品深受广大用户的青睐。如图197所示，这枚“月里嫦娥牌”永和牙粉商标是上海永和实业有限公司于1925年注册的，左侧为商标图案，右侧为广告词，广告词摘录内容如下：

本牌牙粉的特色

吾们（为）什么要刷牙齿呢？因为要保护牙齿的缘故。牙齿（为）什么要保护呢？因为有那种害牙齿的东西。什么是害牙齿的东西呢？就是残余食物所变成的什么叫做乳酸呀、酒石酸呀这一类的东西。用了牙粉（为）什么就可除掉这种害牙齿的东西呢？因为牙粉是一种温和碱性的药品，他能够把乳酸呀、酒石酸呀化合起来成一种不害牙质的东西了。本牌牙粉与众不同的地方就在这一点上，有特别的好处。……上海永和实业有限公司谨识。

图 197　图左侧为上海永和实业有限公司“月里嫦娥牌”永和牙粉注册商标图案，右侧为广告词。商标注册号为 4501 号（乙类），注册时间为 1925 年 8 月，专用期限为 1925 年 8 月 16 日至 1945 年 8 月 15 日

2. 太白酒

酒，究竟有多少种？元人宋伯仁撰写的《酒小史》列了百余种。先秦时期酒家已经有了广告意识，但酒坊一词出现在隋代。随着时代变迁，酒的广告、商标不断变换形式。清末民初，为了保护商家的利益，政府已经把酒类商标纳入注册管理范围。

据《眉县志》载：民国二十六年（1937）8 月 19 日，西京（今西安）“万寿酒店”代理人郝晓春向陕西省建设厅申请注册“太白酒”商标。陕西省建设厅于 1937 年 9 月 28 日对郝晓春的申请审查同意，并以建四字第 225 号报请中央经济部商标局。时因日寇侵华，国民政府迁都重庆，注册商标的批文搁浅。

由于太白酒在陕西以及周边销售已具盛名，万寿酒店担心他人抢先注册，遂于1940年12月18日在《西安文化日报》登载“注册商标太白酒”广告：

冬、寒冬、届寒冬，万象凋零，栗烈西北风。太白酒酿最精，醇和香烈口同声，雪满三尺漏尽五更，一滴入肠便忘却坚冰，请试一盏躬尔康温暖。西京南大街一八五号万寿酒店。

1942年11月8日经济部商标局批准注册，注册号为34355，从此太白酒在国家正式注册。

图198 太白酒审定商标图样

3. 华成烟公司“美丽”香烟

华成烟公司成立于1924年。1925年，总经理陈楚湘偶然见到一张美女照片，此照片系京剧名伶吕美玉，当时吕美玉正因出演《失足恨》红遍上海。陈楚湘来了灵感，遂创办“美丽”香烟，并采用吕美玉演出时的剧照大做广告，其精心设计的广告词也朗朗上口：“有美皆备，无丽不臻。”“美丽”香烟借助美人肖像，销售很旺。然而，正因为如此，华成烟公司因使用吕美玉肖像也成了被告，一场官司下来，华成烟公司除支付吕美玉重金外，此后每生产一箱“美丽”香烟即支付吕氏“肖像使用费”大洋五角。

1931年9月1日，大中华火柴公司呈请注册“美丽”香烟商标，商标审定号为10893（见图199）。那个年代，烟草行业和火柴行业都面临着洋货的冲击，华成烟公司之所以选择大中华火柴公司作为宣传载体，其团结一心，抵制洋货，一致对外的意义不言而喻。

图 199　1931 年 9 月 1 日，大中华火柴公司呈请注册“美丽”香烟商标，商标审定号为 10893

十三、商标公报

《商标公报》是研究我国商标史的最基础资料，但《商标公报》由于年代久远，历经战争年代，保留下来的很少。特别是有些《商标公报》，当初发行量只有几十甚至几百本，现在更难寻觅踪迹。

北洋政府、国民政府、解放区政府等都出版过《商标公报》。

1. 北洋政府《商标公报》

1922 年，北洋政府农商部成立商标登录筹备处。该筹备处的主要工作之一就是对清政府颁布的商标管理法规进行重新修订。1923 年 5 月 3 日，我国商标发展史上第一部内容完整的商标法律——《商标法》颁布实施。《商标法》共有 44 条。1923 年 5 月 4 日，北洋政府农商部商标局成立，它是我国历史上第一个正式成立的商标局，同年 9 月 15 日，对外正式出版第一期《商标公报》（见图 200），截至 1927 年 12 月，北洋政府一共出版了 124 期《商标公报》，刊登注册商标 13380 件。最后一期《商标公报》见图 201 所示。

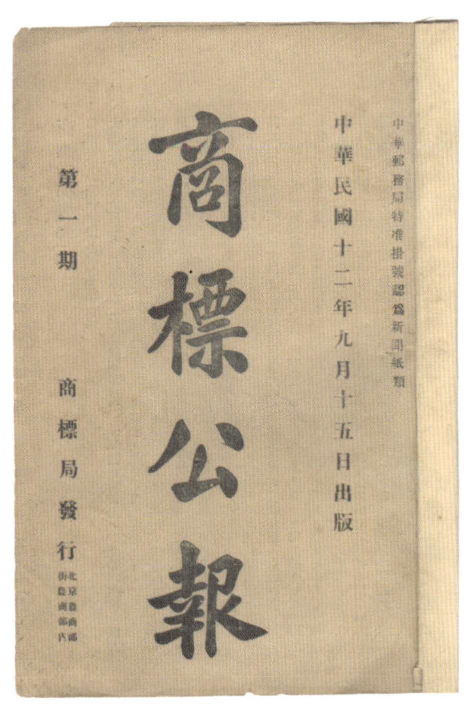

图 200　1923 年 9 月 15 日，北洋政府农商部商标局出版的第一期《商标公报》封面

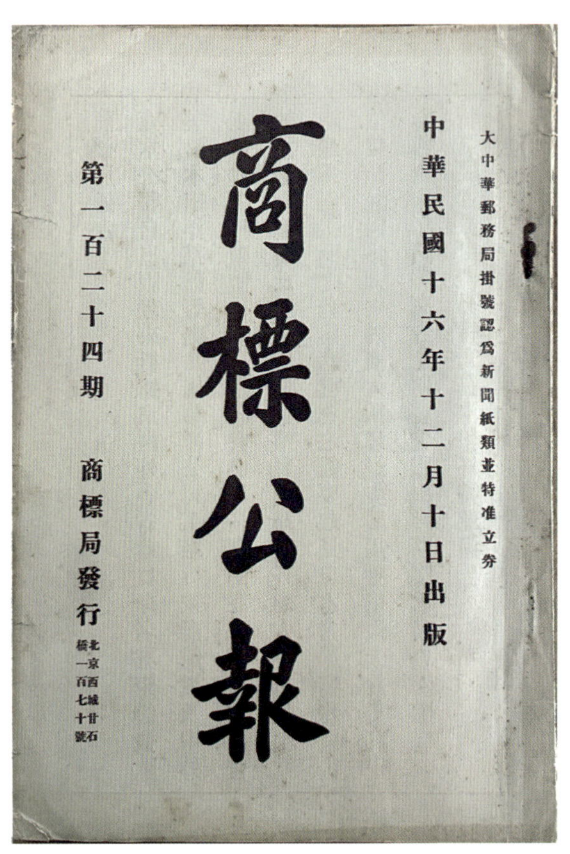
大中華郵務局掛號認爲新聞紙類並特准立券
中華民國十六年十二月十日出版
商標公報
第一百二十四期
商標局發行
北京西城甘石橋一百七十號

图 201　1927 年 12 月实业部商标局出版的第 124 期《商标公报》，这也是北洋政府出版的最后一期《商标公报》

2. 国民政府《商标公报》

1925 年 7 月，广州国民政府成立，9 月正式对外颁布《商标条例》（共 40 条）、《商标条例实施细则》（共 32 条），国民政府按照这部《商标条例》行使商标注册管理工作。1927 年，南京国民政府成立。为做好商标注册管理工作，国民政府于同年 12 月 1 日成立全国注册局。1928 年 2 月 15 日，全国注册局秘书处编印出版了第一期《全国注册局 · 商标公报》，一年内共出版了 11 期。1928 年 12 月，因商标注册量大幅增加，与商标相关的工作从全国注册局划出，单独成立了商标局，隶属工商部，因此，从第 12 期开始，《全国注册局 · 商标公报》改成《商标公报》。

1929 年春，国民政府工商部商标局拟《商标法草案》，1930 年 2 月 28 日，该草案获全票通过。同年 5 月 6 日，国民政府第一部完整的商标法律——《商标法》（共 40 条）宣告诞生。

经国民政府全国注册局、工商部商标局、实业部商标局和经济部商标局等商标管理部门审定核准，注册商标有 55432 件，其中上海一地就有 4 万多件。

据不完全统计，国民政府从 1928 年 2 月到 1948 年 6 月共出版了 285 期《商标公报》（见图 202 ~ 图 205），算上北洋政府期间出版的 124 期《商标公报》，1923—1948 年刊登在《商标公报》上的注册商标达到 6 万余件。

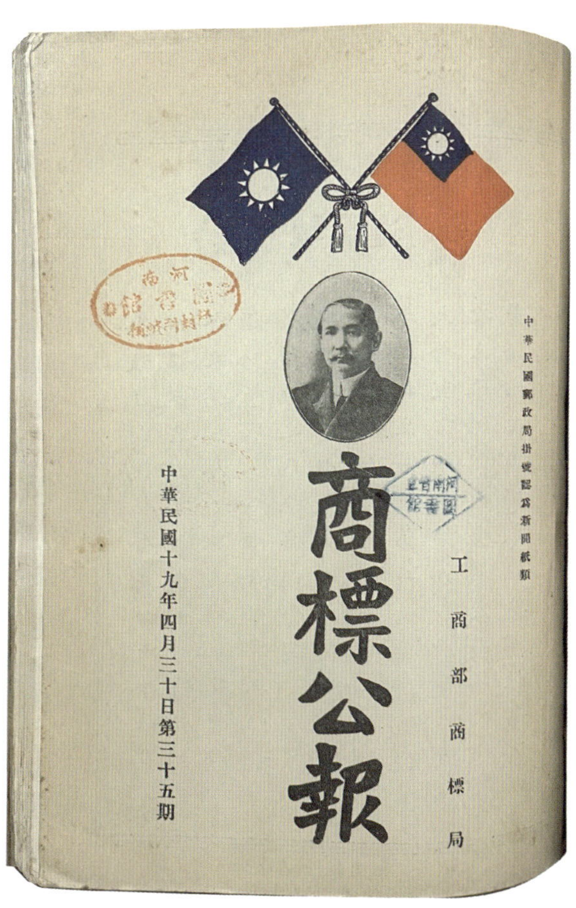

图 202 | 图 203

图 202　1930 年 4 月 15 日，国民政府工商部商标局出版的第 34 期《商标公报》，其封面带有孙中山先生的头像

图 203　1930 年 4 月 30 日，国民政府工商部商标局出版的第 35 期《商标公报》，其封面带有孙中山先生的头像

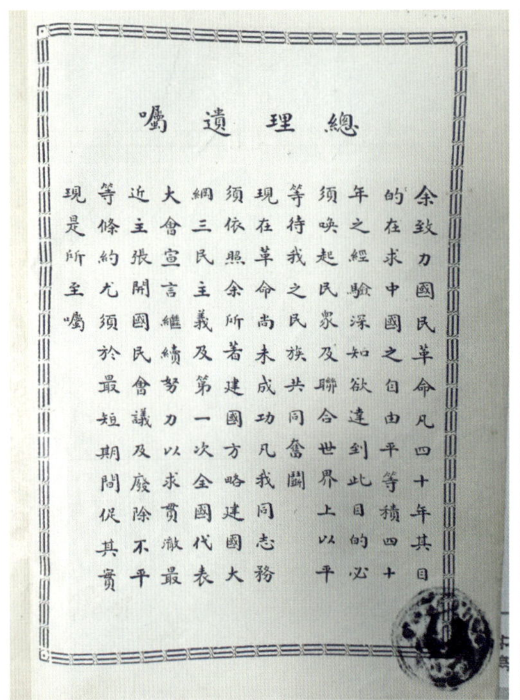

總理遺囑

余致力國民革命凡四十年其目的在求中國之自由平等積四十年之經驗深知欲達到此目的必須喚起民衆及聯合世界上以平等待我之民族共同奮鬪

現在革命尚未成功凡我同志務須依照余所著建國方略建國大綱三民主義及第一次全國代表大會宣言繼續努力以求貫徹最近主張開國民會議及廢除不平等條約尤須於最短期間促其實現是所至囑

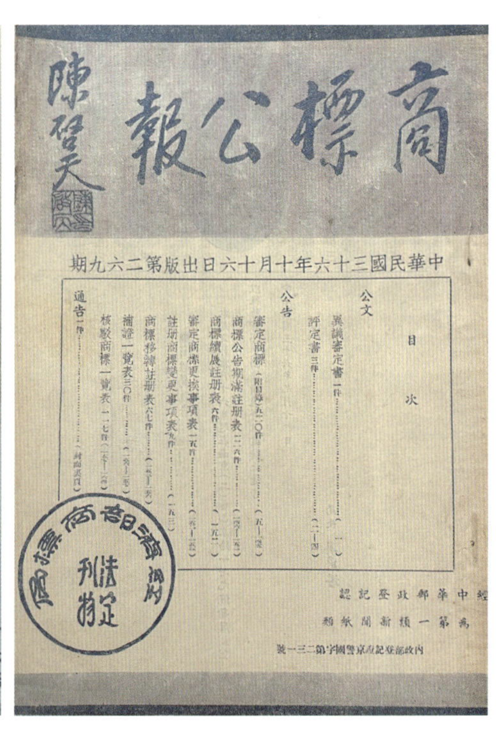

图 204 | 图 205

图 204　1938 年 8 月，国民政府经济部商标局出版的第 148 期《商标公报》，封面孙中山先生头像和国旗均取消，封二有孙中山先生遗嘱

图 205　1947 年 10 月 16 日，国民政府经济部商标局出版的第 269 期《商标公报》，时任经济部部长陈启天题写刊头

3.《东亚之部商标汇刊》

1933 年，国民政府实业部商标局编著的《东亚之部商标汇刊》（见图 206 ~ 图 209）是我国近现代商标史上的一部巨著，收录了自 1904 年 8 月至 1933 年 7 月在我国登记、注册的中外厂商的商标，将包括清政府、北洋政府和国民政府受理的登记、注册商标汇编成册，收录商标万余种，内含诸多中华百年老字号。该书的出版是当时工商界的一件盛事，受到社会各界的广泛重视。该书邀请了当时的政府要员、社会各界知名人士和学者题词、作序，如于右任、蔡廷锴、李宗仁、杨虎城、柳亚子等；在题词和序之后刊登的是商标法及其实施细则、部令更改项类表、注册须知和各种呈请书式样等内容；接下来就是注册商标信息，按照

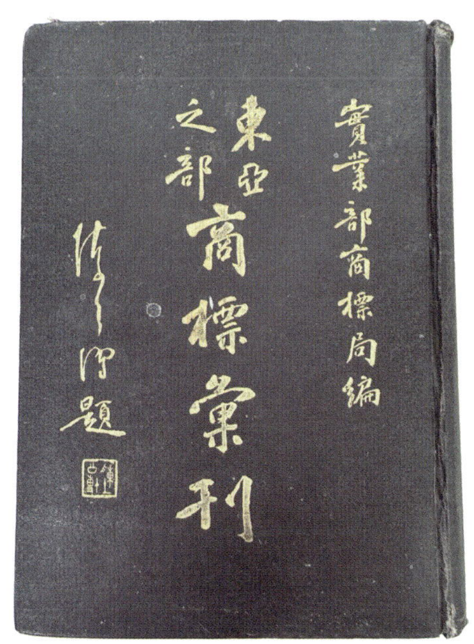

图 206 1933 年国民政府实业部商标局编的《东亚之部商标汇刊》封面
图 207 该书书脊
图 208 该书切口处已泛黄
图 209 该书切口处已泛黄

商标类别排序，依次为药品、化妆品、火柴、香烟等，其中以火柴和香烟商标居多。《东亚之部商标汇刊》史料翔实，为中国工商业发展史研究提供了工具性实证，是一部重要的历史文献。由于《东亚之部商标汇刊》印数不多，能流传至今已属罕见，于今有极大的借鉴和参考作用。

4. 解放区政府《商标公报》

中华人民共和国成立前，各革命根据地先后出版过《商标公报》。1947 年，冀中行政公署编印发行了《商标公报》；华北人民政府工商部于 1949 年 6 月 15 日出版了第一期《商标公报》。1949 年 10 月，中华人民共和国成立，同年 12 月 31 日，中央人民政府贸易部商标局向全国各地方人民政府的商标管理部门发出通告，要求各地方人民政府停止办理商标的地方注册事务，包括停止出版地方版的《商标公报》，今后由中央人民政府统一办理商标注册以及出版发行《商标公报》。

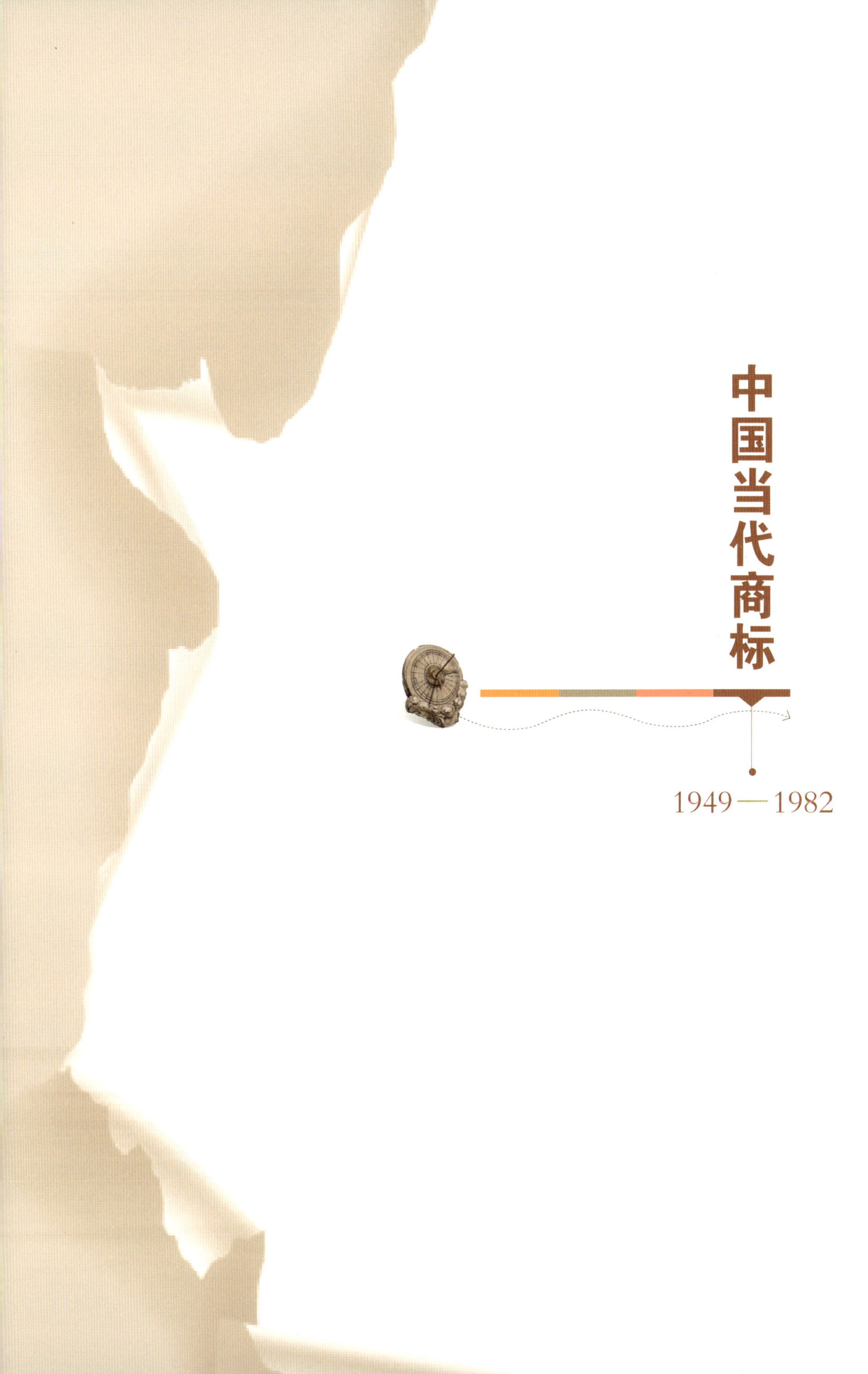
中国当代商标
1949—1982

中华人民共和国成立后，我国商标注册与管理进入一个全新历史时期，自1950年7月政务院批准施行《商标注册暂行条例》后，即开始对商标进行管理：一方面，国家积极废除国民政府的商标法令和帝国主义列强在中国的特权；另一方面，对旧中国遗留下来的商标进行清理，取缔国民政府时期注册的一部分商标，对可保留的商标进行重新登记换证。至1982年《中华人民共和国商标法》颁行之前，我国商标管理工作可以分为以下六个阶段。

第一阶段：1950—1956年，清理整顿。

中华人民共和国成立初期，资本主义工商业在国民经济中尚占相当比重，当时对商标注册采取“注册与否，听其自便”的方针。1950年，政务院颁布了新中国成立后的第一部商标法规《商标注册暂行条例》，为配合该条例的实施，政务院财政经济委员会颁布了《商标注册暂行条例施行细则》。规定商标注册采取自愿原则，注册之后取得商标专用权。在国民经济恢复时期，基本上取缔了国民党统治时期遗留下来的表现反动、封建迷信、淫秽和殖民地等内容的商标。1954年3月，中央工商行政管理局发出《关于未注册商标的指示》和《未注册商标暂行管理办法》，要求国营、公私合营、合作社和较大私营企业的商标必须注册，小型私营企业、手工业者的商标不注册的必须向当地工商行政管理机关登记备案，以便全面管理。1955年规定注册商标的企业应填报商品质量规格表。

第二阶段：1957—1958年，商标全面注册。

1957年1月，国务院批转《中央工商行政管理局关于实行商标全面注册的意见》，开始对商标的全面注册进行管理，即开始实行商标强制注册制度。为了树立和巩固商标的信誉，要求企业一律填报商品质量规格表，对降低质量的应由工业主管部门进行处理。但是，由于有些企业对商标的重要意义认识不足，实行商标全面注册的方针并没有很好地贯彻，同时，对注册商标的产品质量监督尚缺乏经验。

第三阶段：1958 年底至 1959 年，深入实施商标全面注册，加强对注册商标产品质量的监督管理。

1958 年 12 月，中央工商行政管理局在广州召开了部分省、市相关人员参加的有关商标注册与管理的会议，在思想上进一步明确了商标为生产、消费、外贸、产品宣传服务的观点，批判了商标可有可无、商标可管可不管的错误思想，明确了商标工作必须政治挂帅和走群众路线。1959 年 5 月，召开全国商标工作上海现场会议，根据上海市的经验，证明加强对注册商标产品质量的管理、监督，不但是必要的，而且是完全可能的。通过商标管理不但保证和提高了产品质量，还密切了工业与商业、生产者与消费者之间的关系。1959 年 10 月 20 日，国务院批转中央工商行政管理局上海现场会议的报告，指示各地“必须加强对商标的全面管理，使它更好地为社会主义建设服务”。商标管理工作从自由注册到全面注册，由仅保护注册商标的专用权到管理、监督注册商标的产品质量，符合我国经济的发展客观规律，并随着我国社会主义革命和建设的深入而逐步提高。

第四阶段：1960—1965 年，废止 1950 年《商标注册暂行条例》，推出《商标管理条例》。

1961—1962 年，为了促进企业不断改进和提高产品质量，工商行政管理部门继续加强对商标的管理，并同工业部门配合，通过对商标和工商合同的管理，加强对产品质量的监督。1963 年，国务院颁布实施《商标管理条例》，商标强制注册制度正式以法律的形式确定下来。1964 年，遵照国务院批转中央工商行政管理局关于全国工商行政工作会议的报告，贯彻执行 1963 年实施的《商标管理条例》，清理乱用、滥用的商标，严肃处理仿冒、伪造商标的违法行为，要求市场上的商品，凡应该使用商标的都使用商标，不便使用商标的，尽可能刊明厂名、地址或者与之相关的简单记号。对使用不当的商标，逐步进行整顿。要求工业部门和企业设置商标管理人员，建立健全商标管理的必要制度。1965 年 3 月 25 日，中央工商行政管理局提出，对企业在《商标管理条例》实施以前注册的商标，有步骤地换发商标注册证，督促企业合理使用商标，保证产品质量。出口商品的商标应当适应国外市场的需要，不准随意变动。撤销商标要经过中央工商行政管理局批准。

第五阶段：1966—1977年，商标处于失管阶段。

这一时期，我国商标法律制度遭到破坏，商标管理机关被撤销，全国没有统一的商标管理制度，商标的使用处于混乱局面。

第六阶段：1978—1982年，商标注册与管理恢复阶段。

1978年9月，工商行政管理总局成立，下设商标局，商标的注册与管理由商标局负责。商标局1978年底开始对全国商标进行清理登记，于1979年11月恢复了全国商标统一注册。1982年8月23日，为了实施“对外开放，对内搞活”政策，第五届全国人民代表大会常务委员会第24次会议审议通过《中华人民共和国商标法》，自1983年3月1日起实施，自此中国踏上了商标大国的征途。

一、商标审定书和商标登记证

1. 金鸡肥皂商标审定书

图210所示是中央私营企业局金鸡肥皂商标审定书，其审定号为8691，申请人为南京德和厂（南京中华路471号）的张培增，申请日期为1951年7月17日，使用商品类别是第19项肥皂，图样显示“金鸡肥皂”“德和出品”等内容，签章为局长薛暮桥、副局长千家驹和吴羹梅。

2. 未注册商标登记证

中华人民共和国成立后，对未注册商标在不同时期实行了不同的管理。1950年7月28日，经政务院第43次政务会议通过《商标注册暂行条例》，采取商标注册与否听其自便，唯不注册者，不保护其专用权。1954年3月，中央工商行政管理局发出《关于未注册商标的指示》，要求各地对未注册商标进行登记。如图211所示，为1954年赣州市人民政府工商管理局未注册商标登记证，商标名称为“一字”，商号名称为“爱华融记肥皂厂”，厂址为江西省

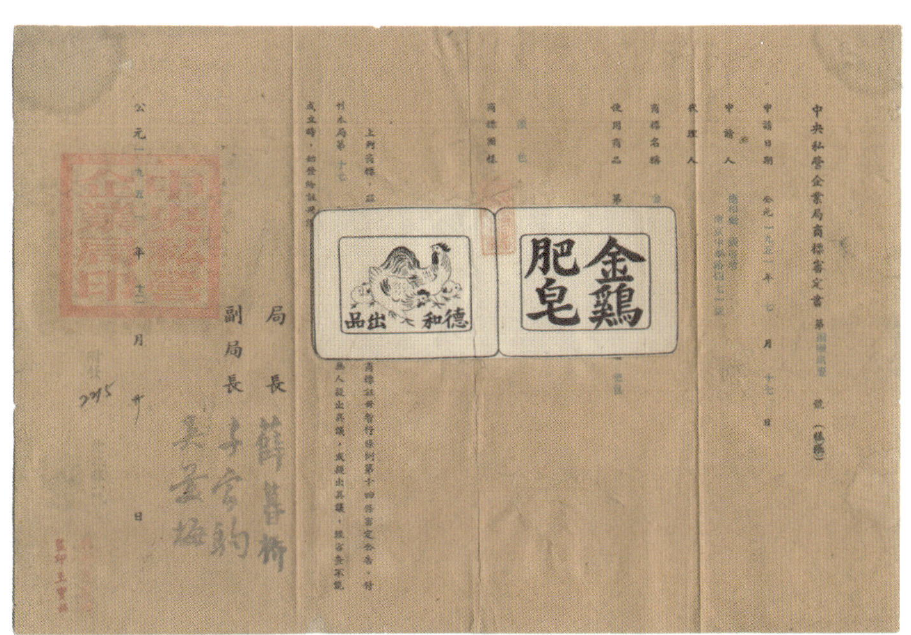

中央私營企業局商標審定書 第 號（樣張）

申請日期 公元一九五一年七月十七日

申請人 德和廠 南京中華路

代理人

商標名稱

使用商品 第 類

商標圖樣

金鷄肥皂

德和出品

上列商標，經本局第十七 商標註冊暫行條例第十四條審定公告，特 無人提出異議，或提出異議，經審查不能成立時，即發給註冊證

局長 薛暮橋

副局長 千家駒 吳羹梅

公元一九五一年十二月廿日

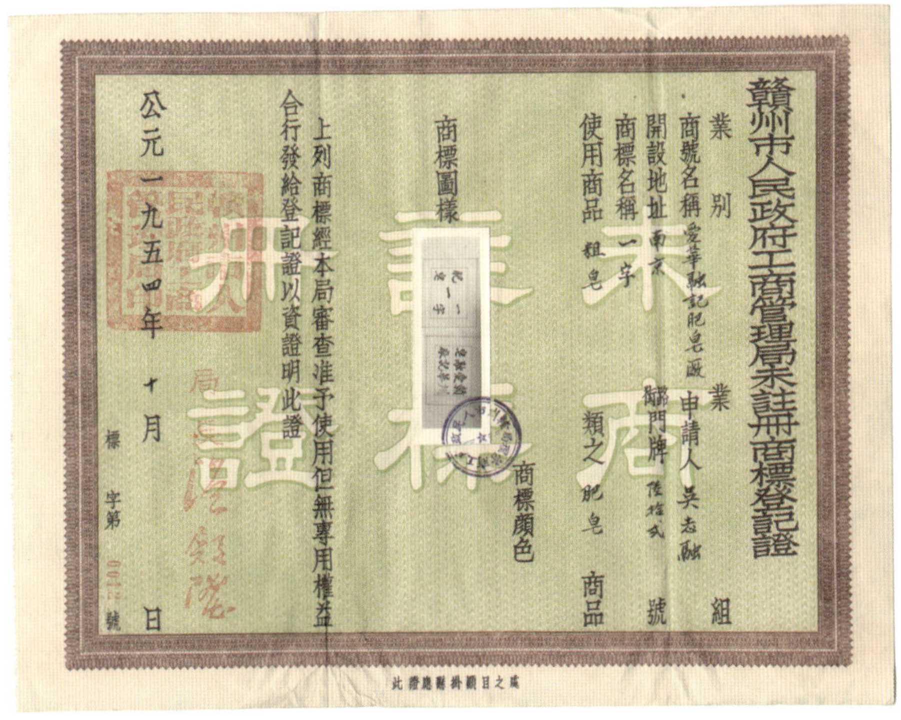

贛州市人民政府工商管理局未註冊商標登記證

業別 業 組

商號名稱 愛華融記肥皂廠 申請人 吳志融

開設地址 南京 路門牌 號

商標名稱 一字

使用商品 粗皂 類之 肥皂 商品

商標圖樣 商標顏色

上列商標經本局審查准予使用但無專用權益合行發給登記證以資證明此證

局長

公元一九五四年十月 日

標 字第 號

图 210
图 211

图 210 1951 年南京德和厂金鸡肥皂商标审定书

图 211 1954 年赣州市人民政府工商管理局未注册商标登记证

赣州市南京路62号，编号为第0012号。1956年，企业产品开始以计划调拨、统购包销为主，部分企业的商标注册意识逐渐淡薄，注册商标大大减少，商标使用也比较混乱。为纠正这种现象，1957年1月，国务院要求实行商标全面注册。

3. 贵阳日化厂“芦笙”商标登记证

如图212所示，这张商标登记证不是专门印制的，它是利用贵阳市工商管理局企业登记证，将注册商标内容填写在该企业登记证的背面。该图左面是芦笙香皂的商标图案，右面是贵阳市工商管理局手工填写的商标登记信息，注册人为贵阳日化厂，商标名称为“芦笙”，证号为32042，使用商品类别为第19项香皂类，注册时间是1959年9月1日。图213为“芦笙香皂”商标登记证纸片

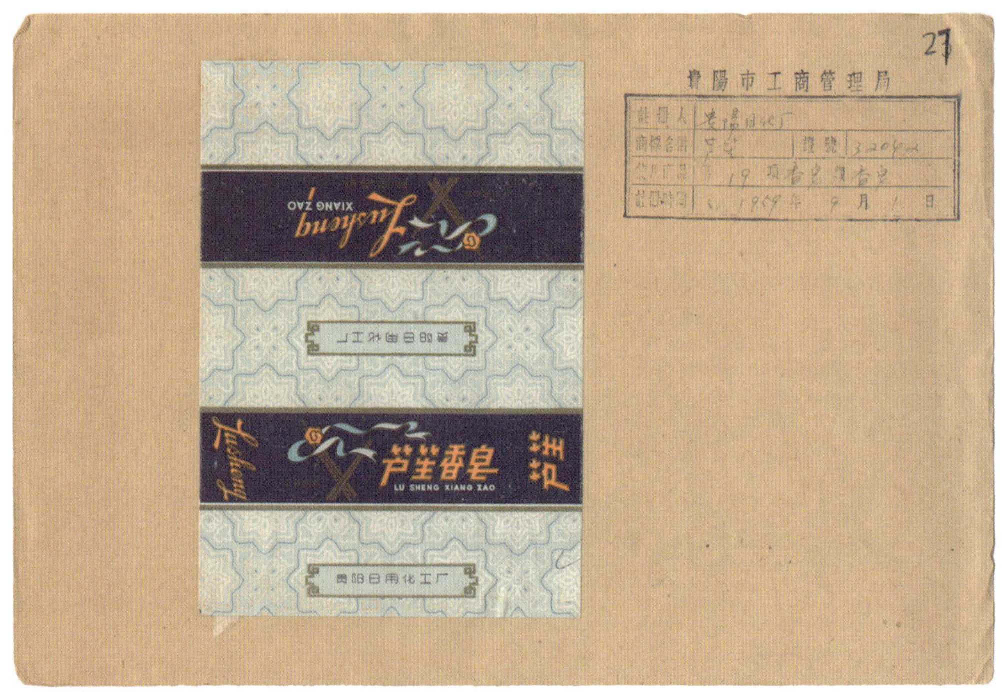

图212　1959年贵阳市工商管理局商标登记证

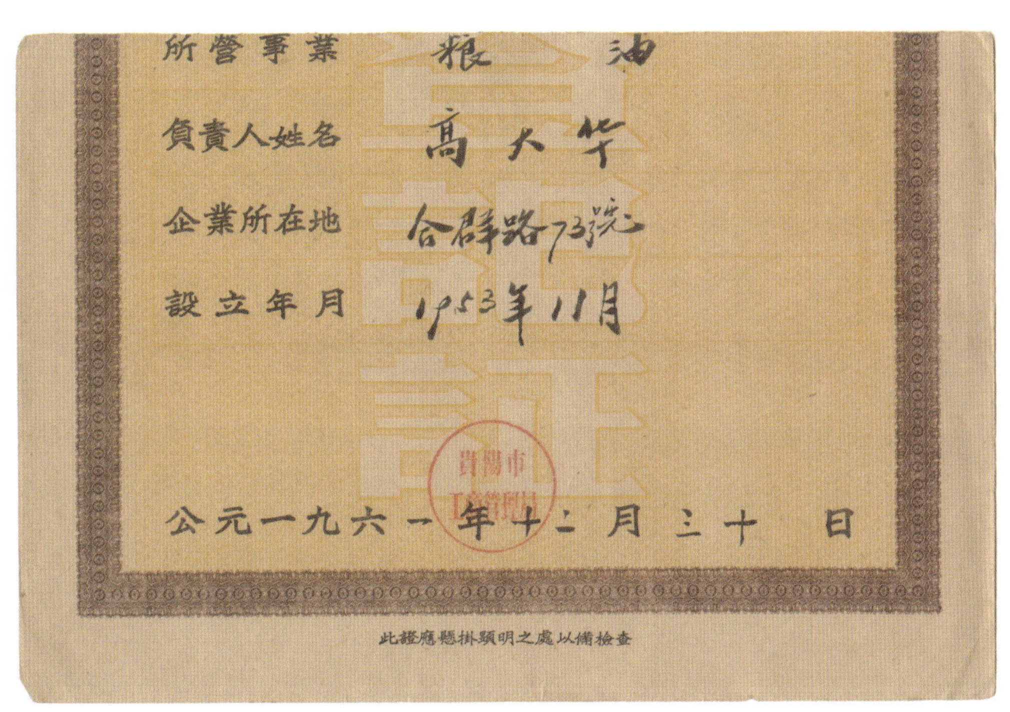
所營事業 糧油
負責人姓名 高大华
企業所在地 合群路73號
設立年月 1953年11月
公元一九六一年十二月三十日
此證應懸掛顯明之處以備檢查

图 213 1961 年贵阳市工商管理局企业登记证正面残片

的再利用，其背面用来登记了姓名为“高大华”的企业主的商标，为企业登记证正面残片，时间是 1961 年，说明困难时期为节约成本而将纸材再利用的情形。

二、新中国商标先河

1. 新中国第一枚审定商标

中华人民共和国成立后，我国于 1950 年 7 月 28 日审议通过《商标注册暂行条例》，这是中华人民共和国第一部有关商标注册与管理的法规。1950 年 10 月 1 日，中央私营企业局出版发行了第一期《商标公报》。中华人民共和国第一枚审定商标是天津元兴成厂的“太阳”商标（见图 214），专用商品类别为第 1 项工业器具类，商标审定第 1 号，注册人为张启元，厂设于天津九区河北

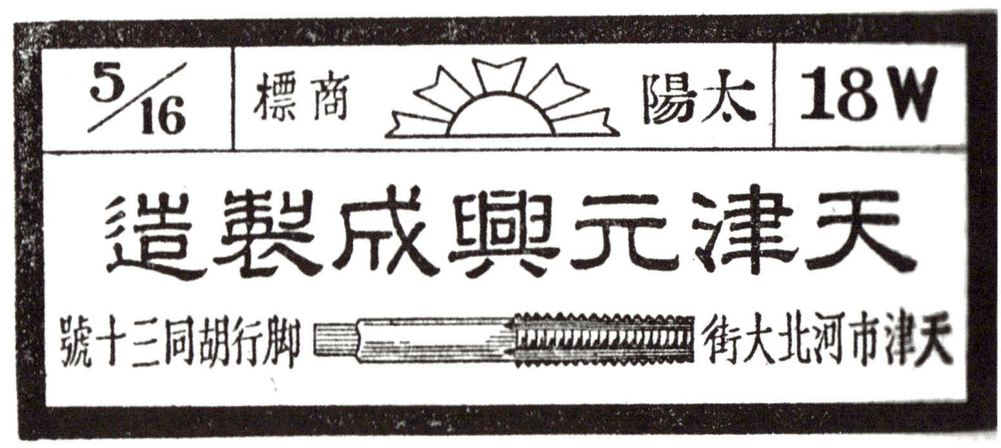

图 214　1950 年新中国第一枚审定商标——天津元兴成厂的“太阳”商标

大街脚行胡同三十号，商标注册递交时间为 1949 年 10 月 15 日。

2. 新中国第一枚审定的火柴商标

平津战役后，天津于 1949 年 1 月 15 日解放，天津解放几个月后就开始了商标注册工作。新中国第一个审定的火柴商标是大利火柴厂的“河南”火柴商标（见图 215），刊登在 1950 年 10 月

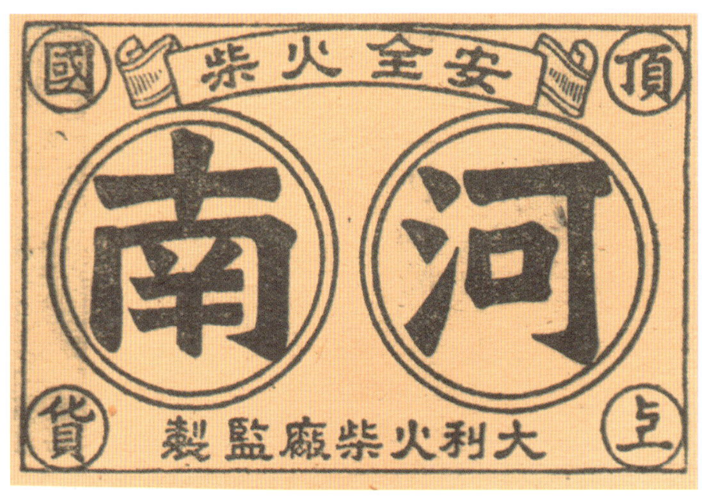

图 215　1950 年大利火柴厂的审定商标“河南”，为新中国第一枚审定的火柴商标

第一期《商标公报》的审定商标中，商标审定号为 137，专用商品类别为第 25 项，注册人为大利火柴厂张永昌，地址为天津一区多伦道 336 号，商标注册递交时间是 1949 年 9 月 10 日。

3. 套花

1955 年，时任南京市市长和市委书记的彭冲参观南京火柴厂，他看到该厂美丽的火花图案后，鼓励南京火柴厂多设计、印制成套的火柴商标，赠送给收藏火柴商标的爱好者。该厂设计师翁仰刚还得到了彭冲亲笔签名的优秀工作者奖状。

有不少地方在火柴盒上刊印多种多样成套的图案，有的是名胜古迹，有的是鸟兽花卉，有的是体育运动图形，还有关于支援农业、节约用粮、讲究卫生的宣传画等。这些火柴图样新颖，很受群众欢迎。1958 年，北京火柴厂设计并印制了“北京风景”（见图 216）、“花

图 216　1958 年北京火柴厂出品的全套“北京风景”火柴商标

卉”、“鸟类”三组套花，开辟了新中国成套火柴商标的先河。

4. 新中国第一枚烟标

香烟外包装，俗称烟标或者烟盒。新中国香烟类的第一枚审定商标是天津启华烟厂的“欢乐”商标（见图 217），专用商品类别为第 65 项，商标审定号为 147，商标注册递交时间是 1949 年 10 月 20 日，商标信息刊登于 1950 年 10 月第 1 期《商标公报》。

5. 新中国第一枚审定酒标

天津酿酒业历史悠久。民国时期，天津烧酒、啤酒、玫瑰酒等专销福建、广东等地，有些还出口东

图 217　1949 年天津启华烟厂“欢乐”烟标

南亚以及欧洲等地，春泰永、义聚永、义丰永、同聚永、广聚永、同丰涌、裕庆永、永丰玉、裕丰永、广兴居等都是天津历史上有声望的民族品牌。春泰永，是当时天津十大烧锅之一，“力士啤酒”商标（见图 218）就是春泰永的品牌，它是中华人民共和国第一枚酒类审定商标。1956 年实行公私合营，义聚永、义丰永、同聚永、广聚永、同丰涌、裕庆永、永丰玉、裕丰永、广兴居、春泰永等十家私营烧锅合并到天津食品进出口股份有限公司。

中华人民共和国成立后，各地酒厂纷纷注册自己的商标，河南、山东的酒标注册数量最多。据不完全统计，中华人民共和国成立后，仅啤酒商标就有近六万种。

图 218　1950 年天津春泰永酒厂“力士啤酒”注册商标，呈文第 1002 号，1949 年 11 月 8 日到局，商标信息刊登时间是 1950 年 10 月 1 日

三、以重大历史事件为图案的商标

1. 抗美援朝商标

抗美援朝战争是中华人民共和国政府应朝鲜民主主义人民共和国的请求，为粉碎以美国为首的“联合国军”对朝鲜民主主义人民共和国的侵犯，保卫中国安全，于1950年10月至1953年7月派出志愿军赴朝进行的战争。中华人民共和国成立后，美国继续在军事上援助蒋介石，同时扶持朝鲜、越南等国的反动势力，建立针对中国的包围圈。1950年9月15日，以美国为首的“联合国军”7.5万人在朝鲜西海岸的仁川港登陆。此后，朝鲜人民军腹背受敌，损失严重，转入战略撤退。10月1日，以美国为首的“联合国军”越过“三八线”，随后侵占平壤，并继续向中朝边境的鸭绿江进犯。从1950年8月27日起，美国飞机多次侵入中国领空进行侦察和轰炸。面对这种形势，中共中央根据朝鲜党和政府的请求，作出了抗美援朝、保家卫国的决策。1950年10月8日，毛泽东代表中央军委命令中国人民志愿军赴朝参战。10月19日，以彭德怀为司令员兼政治委员的中国人民志愿军开始分别从安东（今丹东）、长甸河口、辑安等渡过鸭绿江，进入朝鲜参战。

1953年7月，抗美援朝战争结束。中朝军队共歼敌百余万人，击落击伤敌机12200余架，击沉击伤敌舰艇257艘，击毁和缴获敌军各种作战物资无数。美国在形势不利的情况下，于1953年7月27日在板门店同中朝代表签订了《关于朝鲜军事停战的协定》。1958年10月，中国人民志愿军全部撤离朝鲜，返回祖国。

抗美援朝，是正义的卫国战争。全国上下争相捐款捐物，人人努力生产劳动，完美诠释了中国人民“人穷志不穷”的奋斗精神，人民群众自发地喊出了“我们在后方多流一滴汗，人民志愿军在前方就会少流一滴血”的感人口号。“抗美援朝”“卫国保家”的口号也出现在酱油商标（见图219）、酒标、火花、布标等商标或者产品包装上，展现了中国人民抗美援

图219　20世纪50年代国营北京市零售公司“麦精牌”酱油商标，图案两侧是“抗美援朝”“卫国保家”字样

朝的精神风貌。

2. 第一届全国运动会商标

1959年9月13日至10月3日，中华人民共和国第一届全国运动会在北京举行，这是新中国竞技体育的一次全面展示。毛泽东、刘少奇、朱德、周恩来等党和国家领导人参加了开幕式。首届全运会一共有36个比赛项目、6个表演项目，来自全国各地29个代表团的1万多名运动员角逐赛场，共打破了4项世界纪录。

首届全运会，是新中国成立10年来体育事业的一次大检阅，也是新中国体育史上一件具有里程碑意义的大事。为了庆祝首届全运会的胜利召开，北京、天津、上海、菏泽等地火柴厂纷纷设计、印制了精美的首届全运会套花（见图220）。

摩托車
MO TUO CHE
迎接第一届
YING JIE DI YI JIE
全国运动会
QUAN GUO YUN DONG HUI
地方国营上海华光火柴厂
DI FANG GUO YING SHANG HAI HUA GUANG HUO CHAI CHANG

体操
TI CAO
迎接第一届全国运动会
地方国营上海华光火柴厂
DI FANG GUO YING SHANG HAI HUA GUANG HUO CHAI CHANG

举重
JU ZHONG
地方国营上海华光火柴厂
DI FANG GUO YING SHANG HAI HUA GUANG HUO CHAI CHANG

标枪
BIAO QIANG
地方国营上海华光火柴厂
DI FANG GUO YING SHANG HAI HUA GUANG HUO CHAI CHANG

跳伞
TIAO SAN
迎接第一届
YING JIE DI YI JIE
全国运动会
QUAN GUO YUN DONG HUI
地方国营上海华光火柴厂
DI FANG GUO YING SHANG HAI HUA GUANG HUO CHAI CHANG

足球
ZU QIU
地方国营上海华光火柴厂
DI FANG GUO YING SHANG HAI HUA GUANG HUO CHAI CHANG

兰球
LAN QIU
迎接第一届
YING JIE DI YI JIE
全国运动会
QUAN GUO YUN DONG HUI
地方国营上海华光火柴厂
DI FANG GUO YING SHANG HAI HUA GUANG HUO CHAI CHANG

跳高
TIAO GAO
迎接第一届全国运动会
地方国营上海华光火柴厂
DI FANG GUO YING SHANG HAI HUA GUANG HUO CHAI CHANG

游
YOU
泳
YONG
迎接第一届全国运动会
地方国营上海华光火柴厂
DI FANG GUO YING SHANG HAI HUA GUANG HUO CHAI CHANG

網球
WANG QIU
迎接第一届
YING JIE DI YI JIE
全国运动会
QUAN GUO YUN DONG HUI
地方国营上海华光火柴厂
DI FANG GUO YING SHANG HAI HUA GUANG HUO CHAI CHANG

射箭
SHE JIAN
迎接第一届
YING JIE DI YI JIE
全国运动会
QUAN GUO YUN DONG HUI
地方国营上海华光火柴厂
DI FANG GUO YING SHANG HAI HUA GUANG HUO CHAI CHANG

QIAN QIU
迎接第一届
YING JIE DI YI JIE
全国运动会
QUAN GUO YUN DONG HUI
地方国营上海华光火柴厂
DI FANG GUO YING SHANG HAI HUA GUANG HUO CHAI CHANG

图 220　1959 年地方国营上海华光火柴厂的第一届全国运动会火柴商标，一套 22 枚

3. 抗美援越商标

1964 年 8 月 5 日，美国借“北部湾事件”，对越南发动侵略战争，同时其军用飞机侵入中国海南岛地区和云南、广西上空，投掷炸弹和发射导弹，打死打伤中国船员和解放军战士，威胁中国安全。

1965 年 4 月，越南劳动党请求中国支援。毛泽东主席决定向越南提供全面无私的援助。在抗美援越战争中，共作战 2153 次，击落美机 1707 架，击伤 1608 架，沉重地打击了美国侵略者，保卫了越南北方领空，有力地支持了越南人民的抗美救国斗争。1973 年 1 月 27 日，越共、越南南方民族解放阵线、美国、南越阮文绍政权四方在巴黎签署了《关于在越南结束战争、恢复和平的协定》。同年 3 月，侵越美军部队开始撤出越南南方。1973 年 8 月，在越执行抗美援越任务的中国支援部队全部撤回国内。

20 世纪六七十年代，西安、天津、杭州、苏州等十几家火柴厂纷纷出品“抗美援越”火柴商标。1966 年，安庆火柴厂将剪纸“抗美援越”的图案作为商标使用（见图 221），有两个色系，八枚一套，图案内容分别为“坚决赶走美帝侵略者”“这儿没有你的安

图 221　1966 年安庆火柴厂“抗美援越”火柴商标，八枚一套，两个色系

全！”“埋下复仇的种子”“痛打美帝飞贼”“戳穿美帝纸老虎”“越南必胜　美帝必败”“禾场战场双丰收”“写信向北方告大捷”。由于这两个色系的商标色彩艳丽，题材紧扣时政，内容鼓舞人心，因此很受商标爱好者的追捧。

4. 南京长江大桥商标

1958年9月，国务院批准成立南京长江大桥建设委员会。1968年12月29日，南京长江大桥全线贯通。南京长

图222　1970年南京火柴厂“南京长江大桥”商标

江大桥是长江上第一座由中国自行设计和建造的双层式铁路、公路两用桥梁，在中国桥梁史和世界桥梁史上具有重要意义，有“争气桥”之称。为了庆祝南京长江大桥的建成，在翁仰刚先生精心组织下，南京火柴厂设计出五套南京长江大桥的火柴商标，用铜版纸、胶版纸和书写纸三种纸张印刷。如图 222 所示，这是其中的一套，一套 8 枚，图案由雕像、桥头堡、桥体、跨江大桥、大桥夜景等组成，五十余年过去了，商标图案呈现在发黄的胶版纸上，更具有古朴的时代气息。

5.“五七”商标

1966 年 5 月 7 日，毛泽东在给林彪的信中提出各行各业都应一业为主，兼学别样，从事农副业生产，批判资产阶级。1968 年 5 月 7 日，黑龙江省革命委员会根据“五七”指示，组织大批机关干部下放劳动，在庆安县的柳河办了一所农场，定名为“五七”干校。《人民日报》报道了全国第一所“五七”干校的情况，并在“编者按”中公开发表了毛泽东的指示，“广大干部下放劳动，这对干部是一种重新学习的极好机会，除老弱病残者外都应这样做。在职干部也应分批下放劳动”。此后，各地纷纷办起“五七”干校。中央和地方党政机关、高等院校、科研文艺事业单位的大批干部、教师、专家、文艺工作者被下放到农村“五七”干校，从事农副业生产和革命大批判。仅中央机关、国务院各部委就在河南、江西、湖北以及东北等 18 个省创办“五七”干校 106 所，下放的干部、家属 10 万余人。各地下放“五七”干校的干部、职工数以百万计。1979 年 2 月，国务院发出《关于停办“五七”干校有关问题的通知》，各地“五七”干校陆续停办。

跟随时代的潮流，粉笔厂、火柴厂等一些企业将自己的产品商标都印上“5·7”或“五·七”的式样，同时还将当时的语录内容印制在商标图样上（见图 223、图 224）。

图 223 图 223 20 世纪 70 年代，黄县五七红校粉笔厂的“五·七牌”粉笔商标

图 224 图 224 20 世纪 70 年代，于家庄联中厂的“5·7”粉笔商标

四、经典商标

1. 华纺局下属企业的商标

1949 年，中央人民政府纺织工业部成立后，统一领导全国纺织工业。1950 年 7 月 1 日，华东区财政经济委员会纺织工业部改组为纺织工业部所属的华东纺织管理局（简称华纺局），机关设在上海南京西路 104 号金门饭店。

华纺局成立时，按照计划经济体制的需要，设置 14 个职能部门：秘书处、计划处、财务处、机物料供应处、纺织机械制造管理处、业务处、工务处、劳动处、人事处、教育处、私营纺织管理处、基建处、保卫处、检察室。随着形势的发展，于 1951 年 4 月撤销私营纺织管理处，成立公私合营纺织印染厂联合管理处，设址上海中山东一路 6 号，专门管理先行组建的国营上海印染厂、国营青岛印染厂等 9 个合营企业。又根据业务需要，1951 年 7 月撤销秘书处，成立办公室。1953 年 6 月，为加强原材料管理，纺织工业部建立华东供销分局，华纺局的业务处和机物料供应处相应撤销。1955 年 7 月，华纺局建立第二办公室，负责对私营企业的改造工作。1957 日年 5 月，为加强干部工作，撤销人事处，设立干部处。至 1958 年华纺局结束其使命前，其职能部门有办公室、第二办公室、计划处、技术处、财务处、劳动处、供销分局、教育处、干部处、基建处、保卫处、监察室等 12 个。

1958 年 2 月，华纺局与上海市人民政府纺织工业管理局合并成立上海市纺织工业局而完成历史任务。

新中国成立初期，华纺局的主要职能是贯彻执行国家关于“发展经济，保障供给”和对私改造的方针，对所属企业实行统一计划管理，组织老厂改造，推行经济核算。1950—1958 年，华纺局下属的几家印染厂使用的商标有“观瀑亭”、“泰山牌”、“桃园图”、“一定如意”、“跳鲤”、“荷花女”、“彩球”、“苏小妹”（见图 225）和“四君子”等数十种商标。

图 225　国营青岛印染厂“苏小妹”商标，商标审定号为 4043，呈文 1951 年 3 月 23 日到局，呈请人为华东纺织管理局青岛分局，地址为青岛馆陶路 3 号，专用商品类别为第 33 项棉织布匹，审定商标信息刊登于 1951 年第 8 期《商标公报》

2. 丹阳纱厂商标

1947 年，束云章创办江苏丹阳纱厂（后更名为丹阳棉纺织厂），拥有一万纱锭的规模。1949 年 4 月 23 日，丹阳解放，丹阳纱厂被县军管会接手，成为江苏省首家国有纺织企业，并隶属于华东纺织管理局。当时的丹阳纱厂是只有一万纱锭的小厂。华东纺织管理局为了扩大丹阳纱厂的规模，1951—1953 年先后将上海浦东的大新和茂新、太仓的太丰、无锡的新毅等小厂并入丹阳纱厂，将之扩大为拥有两万纱锭的纱厂，厂名改为苏南公营丹阳纱厂。由于当时并入厂家的纺纱设备机型不一，且破烂老旧，纺纱机转速慢，工效十分低下，必须对设备进行改造，实行统一机配，统一运转，统一管理。

华东纺织管理局对丹阳纱厂的设备改造给予了大力支持和帮助，除了从上海国棉一厂、八厂、十六厂等纺织大厂抽调一批技术人员和工人支援丹阳纱厂外，还从上海无偿调拨滚齿机、铣床、车床、磨床、刨床等大型机械加工设备到丹阳纱厂。1953 年 7 月，丹阳纱厂更名为丹阳棉纺织厂。1958 年，江苏省纺织工业厅先后将无锡、太仓、南汇的四家小型纺织厂并入丹阳棉纺织厂，工厂规模进一步扩大。其主要产品有纯棉纱、涤棉纱、涤纶纱、涤纶长丝包蕊纱、纯棉布、涤棉布、涤纶布等，品种规格达 39 种，产品畅销 45 个国家和地区。当时生产的丹阳牌 21 支纯棉纱、40 支机织纱以及涤棉府绸、纯棉细布等被评为国家和部省级优质产品。丹阳牌成了家喻户晓的知名品牌（见图 226）。

图 226　1951 年苏南公营丹阳纱厂“丹阳牌”商标，商标审定号为 6834，地址为丹阳县北门外阜阳路 1 号，商标信息刊登于 1951 年第 12 期《商标公报》

3. 常州纺织世家的商标

清咸丰、同治年间，江苏常州浦前、湖塘一带的作坊纺织、土布染色及整理加工业已十分兴旺，仅浦前一镇就开设布庄五六十家，赵富源开办的“赵恒大色布庄”就是其中一家。在不断探索中，赵富源为家庭赚到了第一桶金，也为其长子赵锦清日后进入纺织行业打下良好的基础。

赵锦清为中国纺织工业先行者之一。清光绪三十三年（1907），赵锦清与江苏常州武进人蒋盘发、蒋鉴霖在常州大南门外梅龙坝创建裕纶染织厂，创建时间仅比张謇创办的大生纱厂晚八年。1915年，赵锦清又在常州大南门外赵家村独资创建锦纶染织厂，同时参股大纶机器织布厂。大成纺织的刘国钧正是在这一年受赵锦清等人邀请，投身纺织业，迈出实业救国的第一步。1929年，赵锦清积劳成疾离开人世，其子赵志海、赵一海继承父业，继续在纺织领域打拼。40年间，赵氏家族先后创办了十多家纺织企业，曾经的裕纶、锦纶、大纶厂，后来的大东、志远、诚孚厂，直至新中国成立后的常州织布三厂、八厂、国营建材253厂等，都深深刻上了常州纺织世家赵氏家族投身民族纺织业的印记。

赵一海，字志远，他是常州市纺织界公认的后起之秀。1946年，他创办志远一厂，随后在1947—1950年，又先后创办志远二厂、四厂、五厂。在1956年的公私合营中，他将志远一厂和四厂并入常州诚孚染织厂（后改名常州织布三厂），将志远二厂并入国营建材253厂，将志远五厂并入民华布厂（后改名常州织布八厂）。在抗美援朝期间，赵一海一次性捐出黄金300两，而这枚“光荣花”商标（见图227），它的意义已非商标的自身属性所能承载，是新中国民族企业家精神风貌的写照。

4.“晚香玉”商标

1951年10月11日，青岛裕泰染织股份有限公司申请注册“晚香玉”商标（见图228），商标审定号为8618，专用商品类别为第33项棉织布匹，厂址为青岛吴县一路15号。

图 227 | 图 228　图 227　1951 年常州志远染织厂“光荣花”商标，商标审定号为 6801，商标信息刊登于 1951 年第 12 期《商标公报》

图 228　1951 年青岛裕泰染织股份有限公司“晚香玉”商标

5.“鹦鹉”商标

北京的火柴工业始于 1904 年的丹凤火柴公司。1935 年以后虽然出现过十几家火柴厂，但只有丹凤火柴公司延续下来，其历经坎坷几次改制更名，演变成后来的北京市火柴厂，至今已有百余年的历史。1955 年，北京市火柴厂出品了鹦鹉牌火柴（见图 229），据记载，该厂鹦鹉牌火柴销售了一段时间后，遭到激进人士的炮轰，理由是：鹦

图 229　1955 年北京市火柴厂鹦鹉牌商标

图 230　1955 年北京市火柴厂第一次改版后的鹦鹉牌商标

鹉是地主豢养的动物，用色象征“青天白日满地红”，而这只不知死活的白鹦鹉，脚下还踩着一片黄，数数有 12 个角，不用说代表了国民党党徽。1955 年和 1959 年北京市火柴厂两次改版，演变成踩在树枝上的绿鹦鹉和红黄鹦鹉两种商标（见图 230、图 231）。

6. 宜宾五粮液酒厂商标

宋代姚氏家族以大米、高粱、糯米、荞麦和小米五种粮食为原料酿制的“姚子雪曲”，是如今五粮液的雏形。1368 年，宜宾人陈氏在继承该秘方的基础上，融入了自己的创新，在“温德丰”（后改名“利川永”）作坊酿造出杂粮酒。陈氏配方历经传承，到了 20 世

图 231　1959 年北京市火柴厂第二次改版后的两种鹦鹉牌商标

纪初，继承该配方的邓子均携带“姚子雪曲”参加宜宾县团练局局长的家宴，宴席之上由晚清举人杨惠泉建议将酒更名为“五粮液”。

1932 年，邓子均注册了“五粮液”商标，“五粮液”商标图案由高粱、玉米、稻谷、荞麦、胡豆五种粮食组成，并印有“四川省叙州府北门外顺河街陡坎子利川永大曲作房附设五粮液制造部”字样（见图 232）。抗战期间，由于赋税过高，“利川永”作坊一度停产。直到新中国成立后，“利川永”改为国营，1952 年，宜宾五粮液酒厂恢复生产五粮液。

图 232　1932 年邓子均注册的“五粮液”商标，该商标载自杨振东、李明强编著的《五粮液图志》，文物出版社 2021 年出版

1959年，宜宾五粮液酒厂注册“交杯牌”商标（见图233）。1969年，五粮液白酒使用“红旗牌”商标；1973年，宜宾五粮液酒厂停止使用“红旗牌”商标，改用“长江大桥”商标。此时五粮液酒分内销酒和外销酒，外销酒酒标如图234所示。20世纪80年代初，宜宾五粮液酒厂停用“长江大桥”商标，重新启用“交杯牌”商标。“长江大桥”商标一直被闲置，直至失效。

2003年3月1日，中国粮油食品进出口（集团）有限公司注册了“长江大桥”商标。截至2013年2月28日，该商标所有权一直归属中国粮油食品进出口（集团）有限公司。然而，2013年11月11日后，该“长江大桥”商标被个人注册。2022年，一位友人曾商谈购买该“长江大桥”商标，价格竟高达三百万元。从商标注册信息可以看到，“长江大桥”商标所有权几

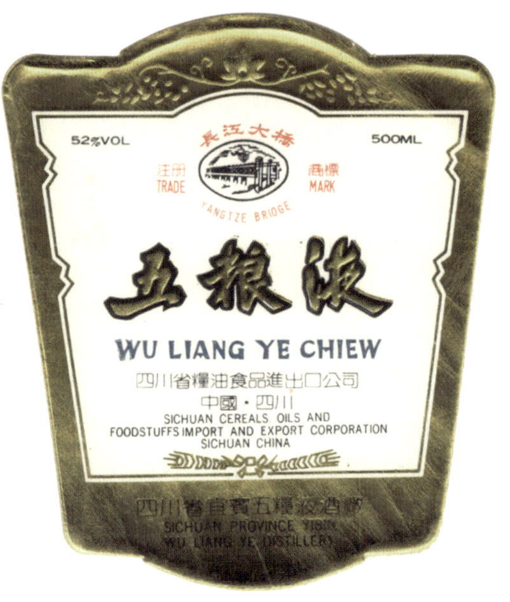

图233|图234 图233 1959年宜宾五粮液酒厂“交杯牌”注册商标

图234 宜宾五粮液酒厂出口的“五粮液”白酒曾使用“长江大桥”商标，该酒标上部椭圆形图案即为“长江大桥”注册商标

经变化，而五粮液集团早已丧失了该商标的所有权，甚是可惜。

五、中华老字号商标

1. 谢馥春

谢馥春，创建于1830年，创始人谢宏业取“谢馥春”为店名，“馥春”寓意青春永驻。谢馥春香粉店原址在扬州城南下铺街，1864年店址迁至扬州辕门桥，即今国庆路51号谢馥春化妆品公司门市部。

谢馥春香粉店最初经营香粉、藏香、头油等产品。清末，扬州香粉名店戴春林、薛天锡两家因后继无人相继倒闭，谢馥春一枝独秀，并聘请了原戴春林的技术工人，集众家之长，对传统工艺不断创新和开发，香粉、头油等产品广为畅销，谢馥春成为城里城外家喻户晓的金字招牌。1915年，谢馥春化妆品荣获美国巴拿马万国博览会的国际银质奖章和奖状，成为中国化妆品第一品牌。1956年，谢馥春香粉店公私合营，成立了公私合营谢馥春香粉厂，主要产品有鸭蛋香粉、冰麝头油、雪花膏、蛤蜊油，当年完成工业总产值127万元。1958年更名为公私合营谢馥春日用化工厂。1966年更名为地方国营扬州日用化工厂，开发了卫生丸、清凉油等产品，完成工业总产值151万元。1980年更名为扬州谢馥春日用化工厂，其主打产品润肤油使用石榴牌商标（见图235）。2005年成立扬州谢馥春化妆

图235　20世纪80年代扬州谢馥春日用化工厂主打产品润肤油使用的石榴牌商标

品有限公司，老字号重获新生。

2. 八王寺

八王寺饮料有限公司前身为1920年由东北官银号总稽查张惠霖、奉天工商会长金恩祺等民族资本家创办的奉天八王寺啤酒汽水酱油股份有限公司，并且注册有“金铎”“八王寺”商标。1931年九一八事变，日寇侵占沈阳，奉天八王寺啤酒汽水酱油股份有限公司被日军抢夺，并更名为奉天八王寺酿造工业株式会社，产品大部分运回日本销售。1945年抗日胜利后，八王寺被沈阳市政府接管。1947年，八王寺由原股东金哲忱等人付款赎回，并更名为奉天八王寺民生工业股份有限公司。1948年沈阳解放后，军代表吕时音、孙静接管八王寺。1949年2月，中共沈阳特别市政府接收八王寺，并改名为沈阳市八王寺汽水厂，依旧使用“金铎”（见图236）和“八王寺”商标。

图236 20世纪80年代沈阳市八王寺汽水厂的产品标贴，图左上方为“金铎”商标

随着国民经济全面发展，企业经营得到极大发展，“八王寺”汽水成为东北人最爱喝的饮料。2013 年，“八王寺”被评为“辽宁老字号”。沈阳市八王寺汽水厂后改名为八王寺饮料有限公司，公司陆续使用了“苏小达”“惊动”“聚力”“果子蜜”“八王寺”等 37 个注册商标。遗憾的是，不知何时八王寺饮料有限公司丧失了有着近百年历史的“金铎”商标所有权。

3. 光明牌

上海益民食品一厂的前身是 1913 年成立的美商海宁洋行，美女牌是海宁洋行的副食品品牌。1947 年，国民党国防部联合勤务总司令部以 160 万美金的价格收购了海宁洋行，并改名为上海第一粮秣厂，继续使用美女牌商标。新中国成立后，更名为上海益民食品一厂，创建了中国冷饮自己的品牌——光明牌，自此取代了美女牌商标。1951 年 6 月 1 日光明牌商标注册成功。从冷饮开始，上海益民食品一厂产品逐步扩展到罐头、代乳粉、奶粉、糖果、巧克力、饮料等，成为国内第一家具有较大生产规模的综合性食品工业企业，光明牌家喻户晓，其苹果酱标贴如图 237 所示。

图 237　20 世纪 70 年代，上海益民食品一厂光明牌苹果酱标贴，右上角圆形图案即为光明牌商标

如今在食品领域中使用的“光明”商标，几乎都是从当年上海益民食品一厂的光明牌商标衍生而来。2011 年，上海益民食品一厂被商务部认定为中华老字号企业。

六、“文革”时期商标

“文革”期间，商标注册、管理工作基本停滞，没有新增注册商标，已注册商标有的自行停用，有的被认为是“封建迷信”而不准使用。

1. 糖标

糖标，就是糖的外包装，俗称糖纸。它所呈现的题材多与社会发展和人们的生活密切相关，是反映人类生活的一个小窗口，于方寸间展示社会生活。糖标上面的图案有花、鸟、虫、草、人物、双喜字等，时代变迁与文化元素跃然其上，有的糖纸上印有当年的糖果生产厂家以及厂名前所冠的“公私合营”“地方国营”等字样，是中国社会发展的历史记录。

“文革”期间，北京市工商行政管理机关职能被削弱，虽保留了工商行政管理机构，但人员很少，商标工作几乎无人管理。1970 年，北京市曾试行将商标由各业务主管局负责管理。但由于不办理商标注册，企业随便乱用、乱换商标的现象较为普遍。1973 年，北京市财政局提出应由工商行政管理机关统一管理商标工作。1974 年 6 月 20 日，北京市工商局制发《北京市商标管理试行办法》，规定未注册商标不得使用，凡应当使用厂名、记号、商标而未使用的商品，商业部门一律不得收购，生产企业也不得自行销售。

1979 年，北京市开展了商标普查和商品质量监督检查，据 2001 年北京出版社出版的《北京志・综合经济管理卷・工商行政管理志》（北京市地方志编纂委员会编纂）记载，北京市工商行政管理机关对 99 个未注册的商标和存在混同的 27 个商标进行纠正和整顿，补办了注册手续。

如图 238 所示，这套样板戏糖标，上面印有生产时间、生产厂家和注册商标等信息，是“文革”时期比较规范的

图 238　1967 年 9 月北京市第一食品厂出品的样板戏糖标

糖标。北京市第一食品厂出品的样板戏糖标包括“红灯记”“红色娘子军”“白毛女”“沙家浜”，每枚糖标上都印有“精制奶糖”和“注册商标”字样，以及“双跃牌”商标。

2. 蚊烟标贴

如图239所示，安徽宣城县城关综合生产社“文革”期间生产的安徽宣城工农卫生蚊烟标贴，除了印有“毛主席语录”外，还有“精良原料，科学配制，除灭蚊蝇，功效特高”的宣传语。当时由于缺少商标管理，受时代特征影响，商标以语录式居多，企业将商品名称作为商标名称，并将广告功能混为一体。

3. 酱油标贴

如图240所示，安徽蚌埠市荣复军人酱醋厂的酱油标贴上有“毛主席语录”，另有“一等酱油”和“口味鲜美，营养丰富”的质量保证与承诺。由于当时厂家的品牌宣传意识比较薄弱，该酱油标贴只有厂家商号，却没有品牌名称，产品宣传使用“语录”成为“文革”时期的一大特色。

图239 | 图240

图239 安徽宣城“文革”期间的蚊烟标贴

图240 地方国营蚌埠市荣复军人酱醋厂酱油标贴

4. 火柴商标

京剧《智取威虎山》《海港》《红灯记》《沙家浜》《奇袭白虎团》，芭蕾舞剧《红色娘子军》《白毛女》，以及交响音乐《沙家浜》8 个剧目被称为“八大样板戏”。这“八大样板戏”可谓家喻户晓。“文革”期间，虽然暂停了商标注册，但各行业的商标使用并未停止，尤其是火柴行业。一些火柴厂家设计和印制了各式各样有关样板戏题材的火花，同时，抗美援越、红卫兵等时代特色题材的火花也层出不穷，比如，安庆火柴厂 1967 年出品的样板戏题材火花，一套 5 枚，包括“红色娘子军”“红灯记”“智取威虎山”“沙家浜”“白毛女”（见图 241）；杭州火柴

图 241　安庆火柴厂 1967 年出品的样板戏题材火花，一套 5 枚，包括“红色娘子军”“红灯记”“智取威虎山”“沙家浜”“白毛女”

厂 1966 年出品的“抗美援越”题材火花，全套 10 枚（见图 242）；江西火柴厂 1967 年出品的“红卫兵”题材火花，全套 6 枚。

图 242 杭州火柴厂 1966 年出品的“抗美援越”题材火花，全套 10 枚

七、商标公报

1. 新中国成立后的第一期《商标公报》

1950 年 7 月 28 日，中华人民共和国政务院批准施行《商标注册暂行条例》，实行全国商标统一注册制度，采用注册在先原则，注册商标有效期为 20 年，期满得申请续展。1950 年 10 月 1 日，中央私营企业局出版了第一期《商标公报》（见图 243）。第一期《商标公报》除了刊登《商标注册暂行条例》外，还刊登了《商标注册暂行条例施行细则》《各地方人民政府商标注册证更换办法》《前国民党反动政府商标局注册商标处理办法》《审定商标目录》《审定商标》《核准前华北人民政府工商部审定商标公告表》《更换商标注册证一览表》《审定商标各地区统计表》《启示拾零》共计 10

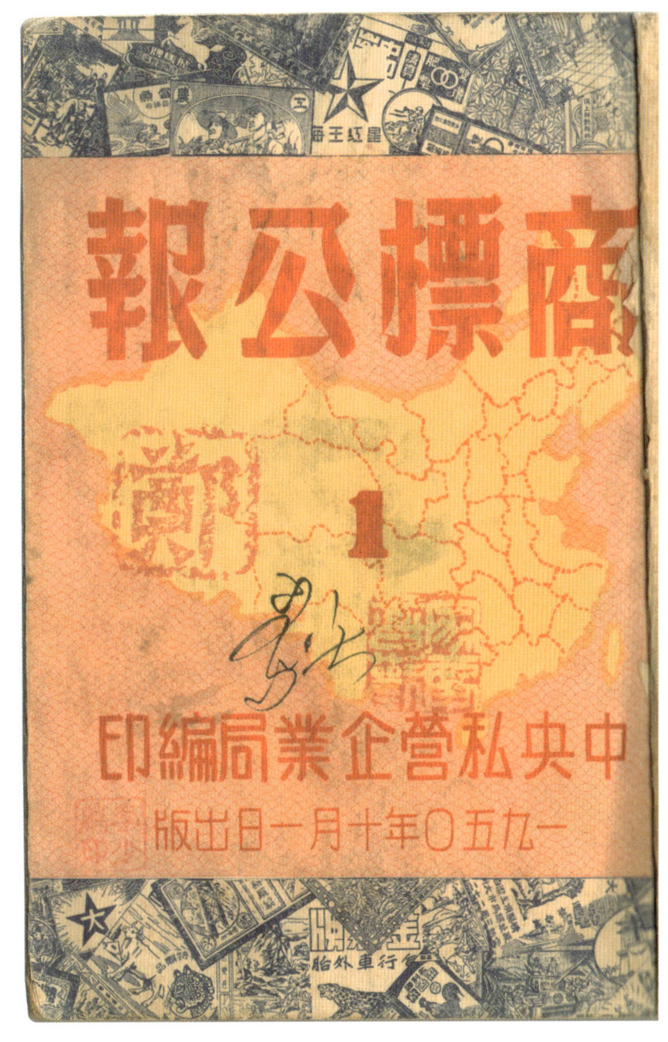

图 243　1950 年 10 月 1 日，中央私营企业局出版了第一期《商标公报》

项内容。1951 年还发行了增刊（见图 244）。1952 年 10 月 1 日第 27 期《商标公报》如图 245 所示。至 1953 年 3 月共计出版了 32 期《商标公报》。

2.《商标·发明公报》与《商标·发明公告》

1952 年 11 月，经政务院批准，将中央私营企业局与中央外资企业局合并，成立中央工商行政管理局，将中央技术管理局主管的专利权、发明权审定工作归中央工商行政管理局管理。1953 年 4 月出版第一期《商标·发明公报》，至 1955 年 3 月，中央工商行政管理局每月出一期《商标·发明公报》，一共

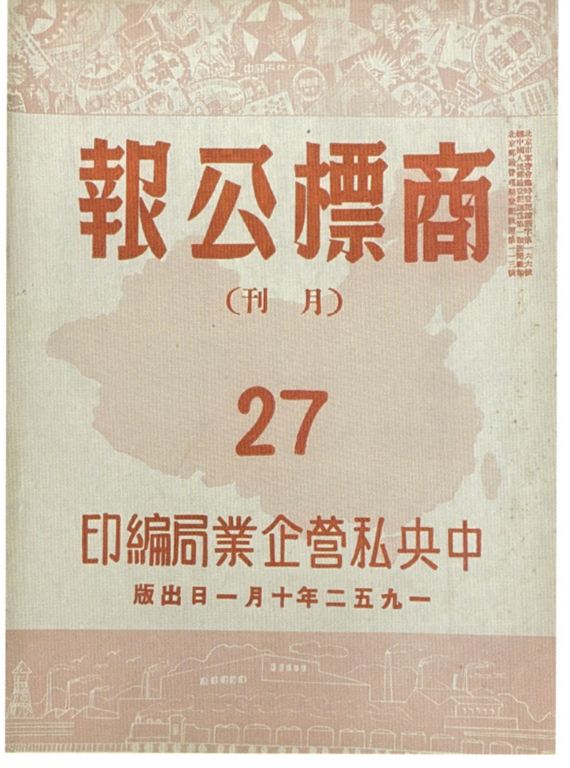

图 244｜图 245　图 244　1951 年 6 月 16 日《商标公报》增刊，中央私营企业局编印
图 245　1952 年 10 月 1 日第 27 期《商标公报》，中央私营企业局编印

出版了 24 期，第 17 期如图 246 所示。1955 年 4 月开始，《商标·发明公报》更名为《商标·发明公告》，至 1957 年 7 月，一共出版 28 期。

3.《商标公告》

1957 年 8 月，中央工商行政管理局根据当时商标业务工作需要，将《商标·发明公告》改为《商标公告》。1957 年 8 月至 1960 年 7 月，中央工商行政管理局编印出版了 36 期《商标公告》。1960 年 8 月停刊。直至 1962 年 3 月恢复出版《商标公告》，第 37 期如图 247 所示。

1962 年 3 月至 12 月，中央工商

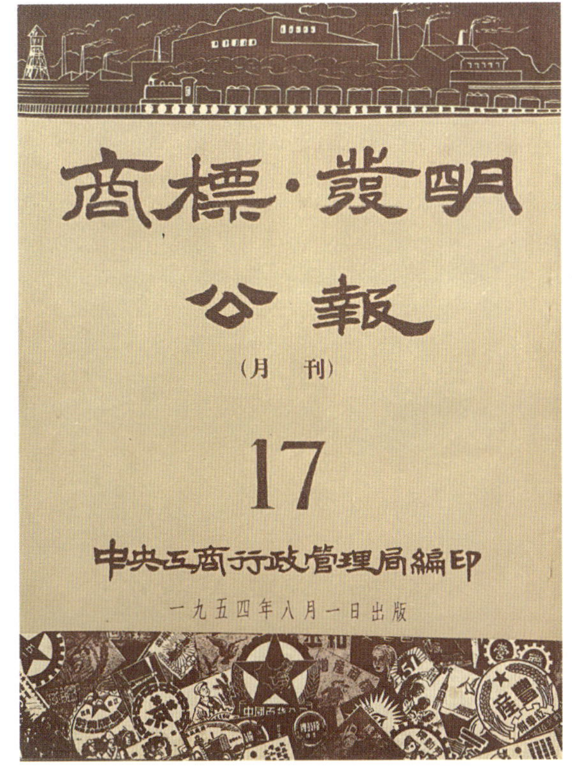

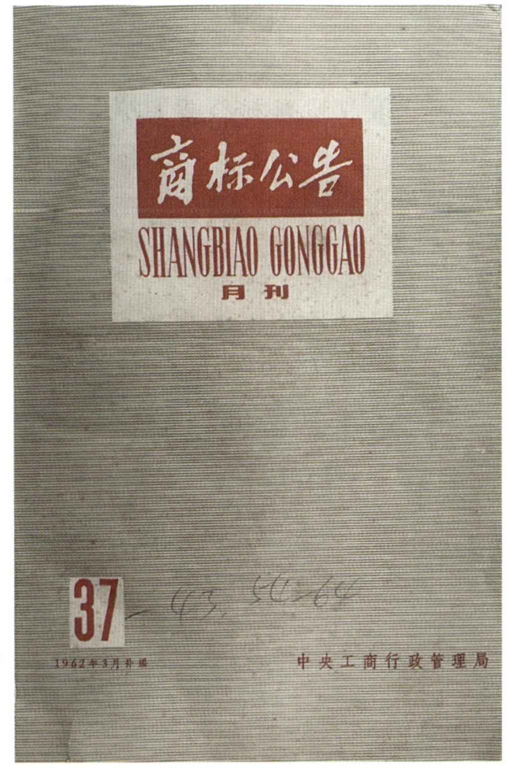

图 246 | 图 247 图 246 1954 年 8 月，中央工商行政管理局编印的第 17 期《商标·发明公报》
图 247 1962 年 3 月，中央工商行政管理局编印的第 37 期《商标公告》补编

行政管理局一共出版了 19 期《商标公告》，期数分别为第 37 期至第 43 期、第 54 期至第 65 期，其中第 37 期至第 43 期和第 54 期为补编，补登 1960 年 8 月至 1961 年的商标资料，第 55 期至第 65 期为本年商标公告。中间第 44 期至第 52 期的断档期刊在 1963 年出版，因此，1963 年的《商标公告》有两种，一种是当年的第 1 期至第 12 期，另有第 44 期至第 52 期为补编（因资料不全，未见第 53 期），共计出版 21 期。

1964 年至 1965 年，《商标公告》进入正常刊登排序，封面图案和 1963 年的当年期刊保持一致（不同于补编期刊），每月一期，两年一共出版 24 期，1964 年第 1 期如图 248 所示。

1980 年，《商标公告》再次复刊，与 1962 年《商标公告》复刊后处理方式不同，不再补登停刊期间的商标资料。

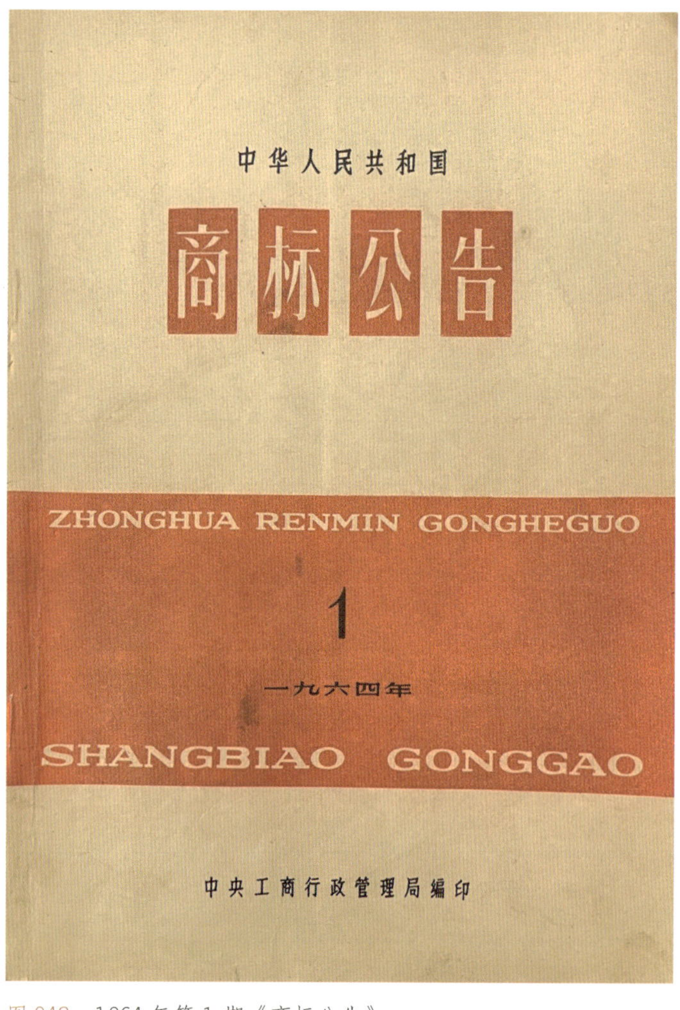

图 248 1964 年第 1 期《商标公告》

1980 年第 1 期《商标公告》（见图 249）包含三项内容：第一项内容是关于《商标公告》复刊的通知；第二项内容是刊登注册商标 226 件；第三项内容是刊登商标续展、转移公告等。

图 249 1980 年第 1 期《商标公告》

表2 《商标公告》（1950—1980年）汇总表

序号	名称	时间	期数
1	商标公报	1950年10月至1953年3月	32期
2	商标·发明公报	1953年4月至1955年3月	24期
3	商标·发明公告	1955年4月至1957年7月	28期
4	商标公告	1957年8月至1960年7月	36期
		1960年8月至1962年2月停刊	
5	商标公告	1962年	19期
6	商标公告	1963年	21期
7	商标公告	1964年至1965年	24期
8	商标公告	1980年	12期
合计			196期

4. 中华人民共和国第一部商标法律《中华人民共和国商标法》

1949年中华人民共和国成立以后，分别在20世纪50年代和60年代制定了有关商标管理的法律规范。1950年，政务院颁布《商标注册暂行条例》，同年又批准实施《商标注册暂行条例实施细则》。《商标注册暂行条例》采用自愿注册原则，注册之后取得商标专用权。1963 年，国务院制定《商标管理条例》，开始实行全面注册制，未注册商标一律不准使用。

到了 20 世纪 80 年代初期，随着改革开放政策的推行，商品经济复苏，对外贸易不断发展，商标保护逐渐有了内生的需求，并面临外部的压力，成为新中国法治建设中不容回避的议题。1982 年，全国人大常委会通过了新中国第一部商标法，也是新中国第一部知识产权单行法——《中华人民共和国商标法》。《中华人民共和国商标法》确立了对商标专用权的保护，建立起有效的注册、公告和异议制度。1983 年，国务院发布实施《商标法实施条例》（2002 年根据《中华人民共和国商标法实施条例》，此条例被废止）。1985 年，中国成为《保护工业产权的巴黎公约》成员国。1989 年，我国正式加入《商标国际注册马德里协定》。随着社会经济的发展，我国分别于 1993 年、2001 年、2013 年、2019 年对《中华人民共和国商标法》进行了四次修改。

2023 年 1 月，为贯彻落实习近平总书记关于知识产权工作的重要指示精神和党的二十大关于“加强知识产权法治保障”的部署要求，进一步完善商标制度，解决商标领域存在的突出问题，促进社会主义市场经济高质量发展，国家知识产权局积极推进《中华人民共和国商标法》修改工作，起草了《中华人民共和国商标法修订草案（征求意见稿）》。从征求意见稿的内容来看，相对于前面几次在原有框架上的“修修补补”，此次修改动作力度相当大，是一次全面修订。狠刹抢注之风，打击商标恶意注册，强调社会公共利益的重要性，成为此次修订的重中之重，要通过修法引导商标注册回归“注册为了使用”的制度本源，让真正需要建立自有品牌取得商标注册的市场主体得到商标法律保护。

图书在版编目（CIP）数据

中华商标图史 / 李少鹏著 . — 北京 : 知识产权出版社 , 2024.1
ISBN 978-7-5130-8939-5

Ⅰ. ①中…　Ⅱ. ①李…　Ⅲ. ①商标—中国—图集　Ⅳ. ① F760.5-64

中国国家版本馆 CIP 数据核字（2023）第 190814 号

责任编辑：宋　云　　罗　慧　　　　**责任校对：**王　岩
封面设计：纺印图文 · 韩力君　　　　**责任印制：**刘译文

中华商标图史
李少鹏　著

出版发行：知识产权出版社有限责任公司	**网　　址：**http //www. ipph. cn
社　　址：北京市海淀区气象路50号院	**邮　　编：**100081
责编电话：010－82000860 转 8343	**责编邮箱：**lhy734@126.com
发行电话：010－82000860 转 8101/8102	**发行传真：**010－82000893/82005070/82000270
印　　刷：天津市银博印刷集团有限公司	**经　　销：**新华书店、各大网上书店及相关专业书店
开　　本：720mm×1000mm　1/16	**印　　张：**13.5
版　　次：2024 年 1 月第 1 版	**印　　次：**2024 年 1 月第 1 次印刷
字　　数：182 千字	**定　　价：**108.00 元

ISBN 978－7－5130－8939－5
